Diogenes Taschenbuch 107

de
te
be

W0251519

O. Henry

Glück, Geld und Gauner

Ausgewählte Geschichten
Aus dem Amerikanischen von
Christine Hoeppener, Wolfgang Kreiter,
Rudolf Löwe, Charlotte Schulze

Diogenes

Die Übersetzungen von Christine Hoeppener wurden mit freundlicher Genehmigung des Verlags Rütten & Loening, Berlin, dem Band ›O. Henry, Unschuldsengel vom Broadway‹ entnommen. Die von Wolfgang Kreiter, Rudolf Löwe und Charlotte Schulze übertragenen Geschichten stammen aus dem bei Philipp Reclam jun., Leipzig, erschienenen Band ›O. Henry, Die Stimme der Stadt‹.

Die Erstausgabe dieser Auswahl erschien 1967
im Diogenes Verlag
Umschlagzeichnung von Tomi Ungerer

Veröffentlicht als Diogenes Taschenbuch, 1976

60/78/E/2
ISBN 3 257 20235 0

Inhalt

Der Polizist und der Choral 7
›The Cop and the Anthem‹, deutsch von Christine Hoeppener

Erinnerungen eines gelben Hundes 16
›Memoirs of a Yellow Dog‹, deutsch von Christine Hoeppener

Die Theorie und der Köter 23
›The Theory and the Dog‹, deutsch von Wolfgang Kreiter

Schuhe 36
›Shoes‹, deutsch von Christine Hoeppener

Schiffe 48
›Ships‹, deutsch von Christine Hoeppener

Das Gold, das glänzte 58
›The Gold, that Glittered‹, deutsch von Rudolf Löwe

Unschuldsengel vom Broadway 69
›Innocents of Broadway‹, deutsch von Christine Hoeppener

Wie dem Wolf das Fell gegerbt wurde 78
›Shearing the Wolf‹, deutsch von Wolfgang Kreiter

Die exakte Wissenschaft von der Ehe 86
›The Exact Science of Matrimony‹, deutsch von Wolfgang Kreiter

Betrogene Betrüger 95
›Babes in the Jungle‹, deutsch von Rudolf Löwe

Das Karussell des Lebens 103
›The Whirliging of Life‹, deutsch von Christine Hoeppener

Die Pfannkuchen von Pimienta 111
›The Pimienta Pancakes‹, deutsch von Charlotte Schulze

Die Straßen, die wir wählen 125
›The Roads We Take‹, deutsch von Christine Hoeppener

Freunde in San Rosario 132
›Friends in San Rosario‹, deutsch von Wolfgang Kreiter

Der Polizist und der Choral

Soapy regte sich unbehaglich auf seiner Bank im Madison Square. Wenn nachts schrill die Wildgänse schreien, wenn Frauen ohne Sealmantel zu ihren Männern nett werden und wenn sich Soapy auf seiner Bank im Park unbehaglich regt, dann weiß man, daß der Winter nicht mehr fern ist.

Ein dürres Blatt fiel Soapy in den Schoß. Das war die Visitenkarte des gestrengen Herrn Frost. Er ist nett zu den Dauermietern im Madison Square und kündigt seinen jährlichen Besuch an, wie es sich gehört. An vier Straßenecken überreicht er dem Nordwind, dem hochherrschaftlichen Diener im großen Haus von Mutter Grün, seine Karte, so daß sich die Bewohner vorbereiten können.

Soapys Hirn registrierte die Tatsache, daß es für ihn an der Zeit sei, sich zu einem Ein-Mann-Hilfskomitee gegen die nahende Winterkälte zu konstituieren. Und deshalb regte er sich unbehaglich auf seiner Bank.

Soapys Ehrgeiz, über den Winter zu kommen, war kein verstiegen hoher. Mittelmeerfahrten, einlullende südliche Himmel oder sachtes Dahintreiben im Golf von Neapel wurden nicht erwogen. Drei Monate im Gefängnis auf Blackwell's Island, danach sehnte sich seine Seele. Drei Monate Kost, Logis und passende Gesellschaft, unbehelligt von Nordwinden und Blauröcken, das erschien Soapy als der Inbegriff alles Wünschenswerten.

Jahre hindurch war das gastliche Inselgefängnis sein Winterquartier gewesen. So, wie sich seine wohlhabenderen New Yorker Mitbürger jeden Winter ihre Fahrkarten nach Palm Beach oder nach der Riviera gekauft hatten, so hatte Soapy seine bescheidenen Vorbereitungen für seine jährliche Übersiedlung nach der Insel getroffen. Und nun war es wieder soweit. In der letzten Nacht hatten drei unter das Jackett, um die Knöchel und über den Leib verteilte Sonntagszeitungen nicht vermocht, die Kälte abzuhalten, als er in dem alten Park auf seiner Bank beim Springbrunnen schlief. Mächtig und willkommen tauchte daher in Soapys Gedanken die Insel auf. Die im Namen der christlichen Nächstenliebe für die Sozialempfänger der Stadt erdachte Fürsorge verschmähte er. Nach Soapys Meinung war das Gesetz mildtätiger als die Philanthropie. Es gab eine endlose Reihe städtischer und wohltätiger Institutionen, bei denen er hätte vorstellig werden und eine den bescheidenen Verhältnissen angepaßte Unterkunft und Verpflegung erhalten können. Aber für jemand von Soapys stolzer Gesinnung gab es bei milden Gaben gewisse Grenzen. Jede aus den Händen der Philanthropen empfangene Wohltat muß man, wenn nicht in barer Münze, mit geistiger Demütigung bezahlen. Wie Cäsar seinen Brutus hatte, so muß jedes von der christlichen Nächstenliebe gewährte Bett seinen Tribut an Reinlichkeit, jedes Brot seine Vergütung durch eine Inquisition auf Leib und Seele haben. Deshalb ist es besser, ein Gast des Gesetzes zu sein, das sich, obgleich von Vorschriften geleitet, nicht ungebührlich mit den Privatangelegenheiten eines Gentleman befaßt.

Nachdem Soapy beschlossen hatte, auf die Insel zu gehen, begann er sogleich, sich an die Ausführung seines Verlangens zu machen. Dafür gab es viele bequeme Möglichkeiten. Die angenehmste war, in einem teuren Restaurant zu schlemmen und dann, wenn er seine Zahlungsunfähigkeit erklärt hatte, still und ohne Aufsehen einem Polizisten übergeben zu werden. Ein gefälliger Polizeirichter würde das übrige besorgen.

Soapy verließ seine Bank, strolchte aus dem Park und über das glatte Asphaltmeer, wo der Broadway und die Fifth Avenue zusammenfließen. Er wandte sich den Broadway hinauf und machte vor einem glitzernden Luxusrestaurant halt, wo sich Nacht für Nacht die erlesensten Produkte der Weintraube, der Seidenraupe und des Protoplasmas zueinandergesellen.

Soapy hatte Vertrauen zu sich, vom untersten Westenknopf an aufwärts. Er war rasiert, sein Jackett war anständig, und die saubere eiserne Fliege hatte er am Danksagungstag von einer Missionsdame erhalten. Wenn er in dem Restaurant, ohne Verdacht zu erregen, an einen Tisch gelangen konnte, war der Erfolg sein. Der Teil von ihm, der oberhalb des Tisches sichtbar war, würde beim Kellner keinen Argwohn erwecken. Eine gebratene Wildente, überlegte Soapy, wäre gerade das richtige, dazu eine Flasche Chablis und dann Camembert, ein Täßchen Kaffee und eine Zigarre. Ein Dollar für die Zigarre wäre genug. Die Summe würde nicht hoch genug werden, um bei der Geschäftsleitung mächtige Vergeltungsgelüste hervorzurufen, und er würde satt und glücklich die Reise in seine Winterzuflucht antreten.

Doch als Soapy den Fuß über die Schwelle des Restaurants setzte, fiel der Blick des Oberkellners auf seine abgewetzten Hosen und seine ausgelatschten Schuhe. Flinke, kräftige Hände drehten ihn herum, beförderten ihn lautlos und eilig auf den Bürgersteig und verhüteten den unwürdigen Untergang der bedrohten Wildente.

Soapy kehrte dem Broadway den Rücken. Es hatte den Anschein, als sollte sein Weg nach der ersehnten Insel nicht der eines Feinschmeckers sein. Man mußte sich etwas anderes einfallen lassen, um ins Gefängnis zu kommen.

An einer Ecke der Sixth Avenue war durch die elektrische Beleuchtung und die verführerisch hinter Spiegelglas ausgestellten Waren ein Schaufenster besonders auffallend. Soapy nahm einen Stein und pfefferte ihn durch das Glas. Leute kamen um die Ecke gelaufen, allen voran ein Polizist. Soapy blieb stehen, die Hände in den Hosentaschen, und lächelte, als er die Messingknöpfe sah.

»Wer war das?« fragte der Polizist aufgeregt.

»Können Sie sich nicht vorstellen, daß ich was damit zu tun haben könnte?« sagte Soapy nicht ohne Spott, aber freundlich, wie man einen glücklichen Zufall begrüßt.

Der Verstand des Polizisten weigerte sich, Soapy auch nur als Anhaltspunkt anzuerkennen. Leute, die Scheiben einwerfen, bleiben nicht stehen, um mit den Dienern des Gesetzes zu verhandeln. Sie geben Fersengeld. Der Polizist sah auf halber Höhe der Straße einen Mann nach der Bahn laufen. Mit gezogenem Gummiknüppel nahm er die Verfolgung auf. Zum zweiten Mal erfolglos und mit Abscheu im Herzen schlurfte Soapy davon.

Auf der gegenüberliegenden Straßenseite lag ein nicht sehr anspruchsvolles Lokal. Es war auf großen Appetit und bescheidene Geldbörsen eingestellt. Geschirr und Luft waren dick, Suppe und Tischdecken dünn. In dies Haus trug Soapy seine denunzierenden Schuhe und verräterischen Hosen, ohne abgewiesen zu werden. Er setzte sich an einen Tisch und aß Beefsteak, Kartoffelpuffer, Pfannkuchen und Pudding. Dann machte er den Kellner mit der Tatsache bekannt, daß er auch nicht die kleinste Münze zu seinem Freundeskreis zählte.

»Also beeil dich und ruf einen Polizisten«, sagte Soapy. »Und laß einen Gentleman nicht warten!«

»Für einen wie dich bemühen wir doch keinen Polizisten«, entgegnete der Kellner mit einer Stimme wie Butterkeks und einem Blick wie die Kirsche im Manhattan Cocktail. »He, Con!«

Zwei Kellner schlugen Soapy fein säuberlich mit dem linken Ohr auf das harte Pflaster. Glied für Glied erhob er sich, wie sich ein Zollstock öffnet, und klopfte den Staub von den Kleidern. Der Arrest schien nur ein rosiger Traum. Die Insel schien sehr weit entfernt. Ein Polizist, der zwei Türen weiter vor einem Drugstore stand, lachte und ging die Straße hinunter.

Fünf Straßen durcheilte Soapy, ehe ihm sein Mut erlaubte, wieder um eine Verhaftung zu buhlen. Diesmal bot sich eine Gelegenheit, die er in seiner Einfalt eine ›todsichere Sache‹ nannte. Ein Mädchen von sittsamem und gefälligem Äußeren stand vor einem Schaufenster und besah sich ungeheuer interessiert die Auslage von Rasiertöpfen und Tintenfässern, und zwei Meter von dem Schaufenster entfernt lehnte ein streng aussehender, baumlanger Polizist an einem Hydranten.

Soapys Plan war, die Rolle des gemeinen, abscheulichen ›Schwerenöters‹ zu spielen. Die feine und elegante Erscheinung seines Opfers und die Nähe des gewissenhaften Hüters des Gesetzes ermutigten ihn zu glauben, er werde bald den angenehmen Beamtengriff an seinem Arm spüren, der ihm sein Winterquartier auf der besten kleinen, festen Insel sichern würde.

Soapy zupfte an der eisernen Fliege der Missionsdame, zog seine hochgerutschten Manschetten heraus, gab seinem Hut einen verwegenen Kniff und machte sich an die junge Frauensperson heran. Er warf ihr Blicke zu, bekam einen Anfall von Hüsteln und Räuspern, lächelte, griente und betete frech die ganze unverschämte und nichtswürdige Litanei des ›Schwerenöters‹ herunter. Mit einem halben Auge sah Soapy, daß ihn der Polizist unverwandt beobachtete. Das Mädchen ging ein paar Schritte weiter und widmete aufs neue ihre hingebungsvolle Aufmerksamkeit den Rasiertöpfen. Soapy folgte ihr, trat an ihre Seite, lüftete den Hut keck und sagte:

»Ei potz, sieh da, Bedelia! Komm und spiel mit mir!«

Der Polizist beobachtete ihn noch immer. Das belästigte Mädchen brauchte nur mit dem Finger zu winken, und Soapy wäre praktisch unterwegs zu seinem Inselhafen. Er bildete sich bereits ein, die behagliche Wärme der Polizeiwache zu spüren. Das Mädchen wandte ihm das Gesicht zu, streckte die Hand aus und packte Soapy am Ärmel.

»Klar, Mike«, sagte sie erfreut, »wenn du ein Glas Bier springen läßt? Ich hätte schon früher mit dir geredet, aber der Polizist hat hergesehen.«

Mit dem Mädchen, das sich wie Efeu an die Eiche Soapy klammerte, ging er, von düsterer Schwermut überwältigt, an dem Polizisten vorbei. Er schien zur Freiheit verdammt.

An der nächsten Ecke schüttelte er seine Begleiterin ab und rannte. Er machte in dem Viertel halt, wo nachts die hellsten Straßen und die leichtesten Herzen, Schwüre und Librettos zu finden sind. Frauen in Pelzen und Männer in Überziehern tummelten sich fröhlich in der Winterluft. Eine jähe Angst packte Soapy, daß ihn irgendeine schreckliche Zauberei gegen Verhaftung immun gemacht habe. Dieser Gedanke versetzte ihn in Panik, und als er wieder auf einen Polizisten traf, der großmächtig vor einem prachtglänzenden Theater herumstand, griff er nach dem naheliegenden Strohhalm des ›ungebührlichen Betragens‹.

So laut seine rauhe Stimme es zuließ, begann Soapy auf dem Bürgersteig wie betrunken Unsinn herauszuschreien. Er tanzte, heulte, tobte und belästigte auch noch auf andere Art das Firmament.

Der Polizist wirbelte seinen Gummiknüppel herum, kehrte Soapy den Rücken und bemerkte zu einem Bürger:

»Einer von diesen Yale-Burschen, der feiert, weil sie dem Hartford College eine Niederlage verpaßt haben. Laut, aber harmlos. Wir haben Anweisung, sie unbehelligt zu lassen.«

Verzweifelt hörte Soapy mit seinem nutzlosen Spektakel auf. Wollte denn nie und nimmer ein Polizist Hand an ihn legen? In seiner Vorstellung wurde die Insel zu einem unerreichbaren Arkadien. Er knöpfte seinen dünnen Rock zu, da ein kalter Wind wehte.

In einem Zigarrenladen sah er einen gutangezogenen Mann, der sich an einer Pendelflamme eine Zigarre anzündete. Den seidenen Regenschirm hatte er beim Eintreten an die Tür gestellt. Soapy ging hinein, nahm den Schirm und bummelte damit langsam fort. Der Mann am Zigarrenanzünder folgte ihm eilig.

»Mein Schirm!« sagte er streng.

»Oh, wirklich?« höhnte Soapy und fügte so noch Beleidigung zu dem kleinen Diebstahl. »Warum rufen Sie dann nicht einen Polizisten? Ich hab ihn genommen. Ihren Schirm! Warum rufen Sie keinen Polizisten? Da an der Ecke steht einer.«

Der Regenschirmbesitzer verlangsamte den Schritt. Soapy tat es ebenfalls, in einer dunklen Vorahnung, daß ihm das Glück wieder einmal nicht günstig sein werde. Der Polizist blickte neugierig zu den beiden hinüber.

»Natürlich«, sagte der Regenschirmmann, »das heißt ... na ja, Sie wissen, wie solche Irrtümer entstehen ... ich ... wenn es Ihr Schirm ist, werden Sie mir hoffentlich verzeihen ... ich habe ihn heute vormittag in einem Lokal mitgenommen ... wenn Sie ihn als den Ihren wiedererkennen, tja ... hoffentlich werden Sie ...«

»Natürlich ist es meiner«, sagte Soapy giftig.

Der Exregenschirmmann trat den Rückzug an. Der Polizist beeilte sich, einer großen Blondine im Theaterumhang beim Überqueren der Straße behilflich zu sein, da sich in einer Entfernung von zwei Häuserblocks eine Straßenbahn näherte.

Soapy wanderte durch eine von Bauarbeiten verunstaltete Straße nach Osten. Wütend feuerte er den Schirm in eine Baugrube. Er murrte gegen die Männer, die Helme und Gummiknüppel tragen. Weil er sehnlichst wünschte, in ihre Klauen zu fallen, schienen sie ihn für einen König zu halten, der nichts Unrechtes tun konnte.

Schließlich erreichte Soapy eine der in östlicher Richtung verlaufenden Avenues, wo es nur wenig Glanz und Tumult gab. Hier wandte er die Nase stadteinwärts zum Madison Square, denn der Heiminstinkt ist nicht totzukriegen, selbst wenn das Heim nur eine Parkbank ist.

Doch an einer ungewöhnlich ruhigen Ecke blieb Soapy stehen. Hier war eine alte Kirche, anheimelnd, unregelmäßig angelegt und mit Giebeln. Durch ein Fenster mit violetten Farbflecken glühte ein mildes Licht, dort, wo sicherlich noch der Organist über den Tasten verweilte und sich seiner Meisterschaft für den nächsten Sonntagschoral vergewisserte, denn an Soapys Ohr wehte eine holde Musik, die ihn gefangennahm und ihn reglos an die Ranken des Eisengitters festnagelte.

Oben leuchtete hell und heiter der Mond, nur wenige Fahrzeuge und Fußgänger waren auf der Straße, Spatzen tschilpten schläfrig in den Dachtraufen – eine Weile hätte man den Schauplatz für einen ländlichen Kirchhof halten können. Und der Choral, den der Organist spielte, schmiedete Soapy an das Eisengitter, denn in jenen Tagen, als es in seinem Leben noch so etwas wie Mütter und Rosen und Sterben und Freunde und makellose Gedanken und Hemdkragen gegeben hatte, war er ihm gut bekannt gewesen.

Die Verbindung zwischen Soapys empfänglichem Gemütszustand und den von der alten Kirche ausströmenden Einflüssen bewirkte eine plötzliche und wundersame Veränderung in seiner Seele. Mit jähem Entsetzen erblickte er den Abgrund, in den er getaumelt war, die erniedrigenden Tage, würdelosen Wünsche, erloschenen Hoffnungen, gescheiterten Talente und erbärmlichen Motive, die sein Dasein ausmachten.

Und jäh antwortete auch sein Herz erschauernd diesem neuen Gefühl. Ein blitzartiges, heftiges Verlangen trieb ihn, gegen sein hoffnungsloses Geschick anzukämpfen. Er würde sich selber aus dem Dreck ziehen; er würde wieder einen Menschen aus sich machen; er würde das Böse besiegen, das von ihm Besitz ergriffen hatte. Noch war Zeit dazu, er war noch verhältnismäßig jung. Er würde sein früheres eifriges Streben wieder zum Leben erwecken und ohne Schwanken fortsetzen. Die feierlichen und doch so süßen Orgeltöne hatten in ihm eine Revolution ausgelöst. Morgen würde er ins Geschäftsviertel gehen und Arbeit suchen. Eine Pelzfirma hatte ihm einmal eine Stelle als Fahrer angeboten. Er würde sie morgen aufsuchen und nach der Stelle fragen. Er würde jemand sein in der Welt. Er würde ...

Soapy spürte eine Hand auf seinem Arm. Schnell blickte er sich um und sah in das breite Gesicht eines Polizisten.

»Was machen Sie hier?« fragte der Beamte.

»Nichts«, erwiderte Soapy.

»Dann kommen Sie mal mit«, sagte der Polizist.

»Drei Monate Insel«, verkündete am nächsten Morgen der Richter auf dem Polizeigericht.

Erinnerungen eines gelben Hundes

Es wird euch Menschen wohl nicht gleich umhauen, den Beitrag eines Tieres zu lesen. Kipling und noch viele andere haben die Tatsache bewiesen, daß sich Tiere in erträglichem Englisch auszudrücken verstehen, und abgesehen von den altmodischen Monatsschriften, die immer noch Bilder des Präsidentschaftskandidaten Bryan und vom Ausbruch des Vulkans Mont-Pelée bringen, geht heutzutage keine Zeitschrift ohne eine Tiergeschichte in Druck.

Hochtrabende Literatur, wie sie Bäroo, der Bär, Schlangoo, die Schlange, und Tigroo, der Tiger, in den Dschungelbüchern erzählen, braucht ihr aber in meiner Arbeit nicht zu suchen. Von einem gelben Hund, der die meiste Zeit seines Lebens in einer billigen New Yorker Mietwohnung verbracht und in einer Ecke auf einem alten Satinunterrock geschlafen hat (dem, auf den sie sich bei dem Bankett der weiblichen Müllabfuhr Portwein gegossen hat), soll man keine besonderen Kniffe in der Kunst des Ausdrucks erwarten.

Ich wurde als gelbes Hündchen geboren; Datum, Ort, Abstammung und Gewicht unbekannt. Das erste, woran ich mich erinnern kann, ist eine alte Frau, die mich in einen Korb gesteckt hatte und versuchte, mich am Broadway, Ecke Twenty-third, an eine fette Dame zu verkaufen. Die alte Mutter Hubbard rühmte mich nach Strich und Faden als echten arabisch-australisch-irischen Kotschinchinastichelhaarfoxterrier. Die fette Dame machte zwischen den grobfädigen Flanellmustern in ihrer Einkaufstasche Jagd auf einen Fünfdollarschein, bis sie ihn in eine Ecke getrieben hatte und ihn preisgab. Von diesem Augenblick an war ich ein Liebling – Mamas zuckersüßes Schweineöhrchen. Bist du, freundlicher Leser, je von einer zwei Zentner schweren Dame, die nach Camembert und Spanisch Leder roch, auf den Arm genommen worden, und ist sie mit der Nase über dich hin und her gefahren und hat die ganze Zeit wie eine fette Opernsängerin gefistelt: »Eideidei, wo isser dennchen, mein winzitleines Schweiniöhrchen?«

Von einem gelben Hündchen mit Stammbaum wuchs ich zu einem anonymen gelben Köter heran und sah wie eine Kreuzung zwischen einem Angorakater und einer Kiste Zitronen aus. Aber mein Frauchen wurde nie irre an mir. Sie glaubte, die beiden Urzeitwelpen, die Noah in die Arche jagte, wären nur eine Seitenlinie meiner Ahnen gewesen. Zwei Polizisten waren nötig, um sie davon abzuhalten, mich in den Madison Square Garden zur Prämiierung sibirischer Bluthunde zu bringen.

Ich werde euch die Wohnung beschreiben. Das Haus war, wie ein Haus in New York zu sein hat; der Flur mit Marmor von der Insel Paros ausgelegt und vom zweiten Stock an einfacher Steinfußboden. Unsere Wohnung war vier Treppen hoch. Mein Frauchen hatte sie unmöbliert gemietet und die üblichen Sachen reingebracht – antike Wohnzimmerpolstergarnitur aus dem Jahre 1903, Öldruck von Geishas in einem Haarlemer Teehaus, Gummibaum und Gatte.

Beim Sirius! Das war ein Zweifüßler, der mir richtig leid tat. Er war ein kleiner Mann mit rotem Haar und einem Bart, der so ähnlich war wie meiner. Unterm Pantoffel? – Ach, jede Menge, von Plüsch bis Holz. Er trocknete das Geschirr ab und hörte geduldig zu, wenn sich Frauchen darüber ausließ, was für billige, zerfetzte Sachen die Dame mit dem Fehpelz im dritten Stock zum Trocknen auf die Leine hängte. Und jeden Abend, wenn sie das Essen machte, mußte er mich an der Leine spazierenführen.

Wenn die Männer wüßten, was die Frauen mit ihrer Zeit anfangen, wenn sie allein sind, würden sie nie heiraten.

Laura Lean Jibby, Erdnußbonbons, etwas Mandelcreme auf den Halsmuskeln, Geschirr unabgewaschen, eine halbe Stunde Schwätzchen mit dem Eismann, einen Stapel alter Briefe lesen, ein paar Mixpickles und zwei Flaschen Ammenbier, eine Stunde durch ein Loch im Fenstervorhang auf die Wohnung auf der andern Seite vom Luftschacht starren – das wäre so ungefähr alles. Zwanzig Minuten bevor er von der Arbeit nach Hause zu kommen pflegt, macht sie Hausputz, steckt ihren falschen Zopf so fest, daß er nicht zu sehen ist, und holt einen Haufen Näharbeit hervor für einen Zehnminutenbluff.

Ich führte in der Wohnung ein Hundeleben. Die meiste Zeit lag ich in meiner Ecke und sah zu, wie die Dicke die Zeit totschlug. Manchmal schlief ich und träumte, ich jage Katzen in den Keller oder knurre alte Damen mit schwarzen Halbhandschuhen an, wozu ja ein Hund neigt. Dann pflegte sie mit einem Haufen von diesem schwachsinnigen Schweineöhrchenpalaver über mich herzufallen und mich auf die Nase zu küssen – aber was konnte ich schon machen? Ein Hund kann ja schließlich nicht Knoblauch kauen.

Männe tat mir leid, großes Hundeehrenwort. Wir sahen uns so ähnlich, daß es den Leuten auffiel, wenn wir spazierengingen; deshalb verließen wir die Straßen, die Morgans Kutsche entlangfährt, und kletterten auf die Schneehaufen vom letzten Dezember in Straßen, wo weniger feine Leute wohnen.

Eines Abends, als wir so unsere Promenade machten und ich wie ein Preisbernhardiner auszusehen versuchte und der Alte auszusehen versuchte, als ob er nicht gleich den ersten besten Leiermann umbringen würde, der Mendelssohns Hochzeitsmarsch spielt, sah ich ihn an und sagte auf meine Weise:

»Was machst du so ein saures Gesicht, du getrimmter Trottel? Dich küßt sie nicht. Du mußt nicht auf ihrem Schoß sitzen und ihr Gerede anhören, das ein Operettenlibretto dazu bringen könnte, wie die Maximen des Epiktet zu klingen. Du solltest dankbar sein, daß du kein Hund bist. Ermanne dich, bekehrter Junggeselle, und jage die Schwermut zum Teufel.«

Der eheliche Fehltritt blickte mit einer fast hündischen Intelligenz im Gesicht auf mich nieder.

»Ach, Hundchen«, sagte er, »gutes Hundchen. Du siehst beinah so aus, als könntest du reden. Was ist, Hundchen – Katzen.«

Katzen! Reden können! Aber er konnte mich natürlich nicht verstehen. Den Menschengeschöpfen ist die Sprache der Tiere versagt. Eine gemeinsame Basis der Unterhaltung, auf der Hunde und Menschen zusammentreffen können, haben sie nur in der Literatur.

In der Wohnung auf der andern Seite von unserem Gang wohnte eine Dame mit einem Dachsterrier. Der Mann von ihr nahm ihn an die Leine und führte ihn jeden Abend aus, kam aber immer fröhlich und pfeifend nach Hause. Eines Tages beschnupperte ich im Flur den Dachshund und bat ihn um Aufklärung.

»Sieh mal, Wackelundhops«, sagte ich, »du weißt doch, daß es nicht in der Natur eines richtigen Mannes liegt, in der Öffentlichkeit bei Hunden Kindermädchen zu spielen. Ich hab noch keinen mit einem Wauwau zusammengekoppelten Mann gesehen, der nicht aussah, als hätte er jeden anderen Mann, der zu ihm hinsah, durchprügeln mögen. Aber dein Herrchen kommt jeden Tag so quietschkeck und mit so erhobner Nase rein wie ein Amateurtaschenspieler, der den Eiertrick kann. Wie macht er das? Sag mir nicht, ihm gefällt das!«

»Der?« sagte der Dachshund. »Der benutzt das wahre Heilmittel der Natur. Er tötet sich ab. Erst, wenn wir ausgehn, ist er so scheu wie der Mann auf dem Dampfer, der lieber Pedro spielen würde, wenn alle den Joker auf der Hand haben. Mit der Zeit, wenn wir acht Wirtshäuser abgeklappert haben, ist es ihm egal, ob das Ding, das er an der Leine hat, ein Hund oder ein Katzenwels ist. Zwei Zoll von meinem Schwanz hab ich eingebüßt bei dem Versuch, diesen Windfangtüren auszuweichen.«

Der Wink, den ich von diesem Terrier erhielt – einem Musterexemplar fürs Vaudeville –, gab mir zu denken.

Eines Abends gegen sechs befahl Frauchen ihrem Männe, er solle sich beeilen und Liebchen an die frische Luft führen. Ich habe es bis jetzt verschwiegen, aber so nannte sie mich. Der Dachshund wurde ›Süßer‹ gerufen. Ich glaube, ich war ihm so weit überlegen, wie ihr ein Kaninchen jagen könnt. Dennoch ist ›Liebchen‹ so etwas wie eine Namensblechbüchse am Schwanz der eigenen Selbstachtung.

An einem stillen Ort in einer sicheren Straße zerrte ich vor einem attraktiven, eleganten Wirtshaus an der Leine meines Wärters. Ich strampelte mit allen vieren auf die Tür zu und winselte wie ein Hund in den Zeitungsmeldungen, der die Familie wissen läßt, daß Klein-Alice im Schlamm versunken ist, als sie am Bach Lilien pflückte.

»Zum Teufel mit meinen Augen«, sagte der Alte grinsend, »zum Teufel mit meinen Augen, wenn mich der safrangelbe Sohn einer Brauselimonade nicht zu einem Drink einlädt. Mal sehn – wie lange ist es eigentlich her, daß ich Ledersohlen geschont habe, weil ich die Füße auf der Fußbank behielt? Ich glaube, ich werde . . .«

Da wußte ich, daß ich ihn hatte. Er setzte sich an einen Tisch und trank schottischen Whiskygrog. Eine Stunde lang ließ er die alten Schotten antanzen. Ich saß neben ihm, klopfte mit dem Schwanz nach dem Kellner und aß Freitisch, wie ihn Mama mit ihrem hausgemachten, acht-Minuten-bevor-Papa-kam im Delikatessenladen gekauften Kram nie fertigbrachte.

Als alle Produkte Schottlands außer dem Roggen*brot* erschöpft waren, band mich der Alte vom Tischbein los und drillte mich wie ein Fischer einen Lachs. Draußen nahm er mir das Halsband ab und warf es auf die Straße.

»Armes Hundchen«, sagte er, »gutes Hundchen. Sie wird dich nicht mehr küssen. Es ist eine verdammte Schande. Gutes Hundchen, lauf zu und laß dich von einer Straßenbahn überfahren und werde glücklich.«

Ich wollte ihn nicht verlassen. Ich sprang und hüpfte um die Beine von dem Alten und freute mich wie ein Mops im Paletot.

»Du flohköpfiger alter Murmeltierjäger«, sagte ich zu ihm, »du mondanbellender, kaninchenvorstehender, eierklauender alter Stöber, siehst du denn nicht, daß ich dich nicht verlassen will? Siehst du denn nicht, daß wir beide im Wald verirrte Hündchen sind, und Frauchen ist der grausame Onkel, der hinter dir mit dem Geschirrtuch her ist und hinter mir mit dem Floheinreibungsmittel und einer rosa Schleife, die er mir an den Schwanz binden will. Warum wollen wir nicht Schluß machen mit allem und für immer Freunde sein?«

Vielleicht sagt ihr jetzt, er verstand ja nicht – vielleicht war das auch so. Aber der schottische Whiskygrog hatte ihn irgendwie stark gemacht, und er stand eine Minute lang und überlegte.

»Hundchen«, sagte er schließlich, »wir leben nicht mehr als ein Dutzend Leben auf dieser Erde, und nur sehr wenige werden mehr als dreihundert Jahre alt. Wenn ich je wieder den Fuß in Frauchens Quartier setze, bin ich keinen Quark wert und du kein Quarkkeulchen, denn jetzt ist Schluß mit dem Quark. Ich wette sechzig zu eins, daß der Westen mit Dackellänge gewinnt.«

Eine Leine hatten wir nicht mehr, aber ich hüpfte vergnügt mit meinem Herrchen zur Fähre in der Twenty-third Street. Und die Katzen unterwegs sahen sich veranlaßt, dankbar zu sein, daß ihnen wehrhafte Krallen gegeben waren.

Auf der Jerseyseite sagte mein Herrchen zu einem Fremden, der ein Korinthenbrötchen aß:

»Ich und mein Hündchen wollen zu den Rocky Mountains.«

Aber am besten gefiel mir, als mein Alter mich an den Ohren zog, bis ich heulte, und sagte:

»Du erbärmlicher affenköpfiger, rattenschwänziger, schwefelgelber Sohn einer Türmatte, weißt du, wie ich dich nennen werde?«

Ich dachte an ›Liebchen‹ und winselte kläglich.

»Ich werde dich ›Pete‹ nennen«, sagte mein Herrchen, und wenn ich fünf Schwänze gehabt hätte, so hätte ich doch nicht so heftig wedeln können, wie es diesem Ereignis zukam.

Die Theorie und der Köter

Vor ein paar Tagen war mein alter Freund aus den Tropen, J. P. Bridger, Konsul der Vereinigten Staaten auf der Insel Ratona, in der Stadt. Wir tranken und ließen eine Jubelfeier steigen, besahen das Haus, das wie ein Plätteisen aussieht, und verpaßten die große Tierschau im Bronx nur um wenige Abende.

Und dann, als die Ebbe kam, gingen wir eine Straße hinauf, die parallel zum Broadway verläuft und ihn parodiert.

Eine Frau von hübschem, mondänem Äußeren ging an uns vorbei und führte ein schnaufendes, bösartiges, watschelndes Biest von einem Mops an der Leine. Der Hund geriet zwischen Bridgers Beine und schnappte knurrend mit einem mürrischen, verdrießlichen Biß nach dessen Knöcheln. Mit strahlendem Lächeln versetzte Bridger ihm einen Fußtritt, daß dem Biest die Luft wegblieb. Die Frau überschüttete uns mit einem Hagelschauer gutgewählter Adjektive, die uns nicht im Zweifel ließen, wie sie über uns dachte, und dann trollten wir uns. Zehn Meter weiter stand eine alte Frau mit zerzaustem weißen Haar, das Sparbuch gut versteckt unter ihrem zerschlissenen Schal, und bettelte. Bridger blieb stehen und fischte in den Taschen seiner Sonntagsweste nach einem Vierteldollar für sie.

An der nächsten Ecke stand ein riesiger, gutgekleideter Mann mit gepuderten, fetten weißen Wangen und hielt an der Kette ein Teufelsbiest von einer Bulldogge mit Vorderbeinen wie ein Dackel. Eine kleine Frau mit einem altmodischen Hut stand vor ihm und weinte, und das war offenbar alles, was sie tun konnte, während er sie in leisem, unwiderstehlichem, geübtem Ton beschimpfte.

Bridger lächelte wieder – ganz für sich – und zog diesmal

ein kleines Notizbuch aus der Tasche und schrieb sich etwas auf. Dazu hatte er kein Recht ohne entsprechende Erklärung, und das sagte ich ihm auch.

»Es ist eine neue Theorie«, sagte Bridger, »die ich unten in Ratona aufgelesen habe. Ich sammele Beweise und Beispiele dazu, wenn ich unterwegs bin. Die Welt ist noch nicht reif dafür, aber ich will sie dir erklären, und dann kannst du alle deine Bekannten Revue passieren lassen und zusehen, was du damit anfangen kannst.«

Und so bugsierte ich Bridger in ein Lokal, wo es künstliche Palmen und Wein gibt, und er erzählte mir die Geschichte, die ich hier mit meinen eigenen Worten und auf seine Verantwortung wiedergebe.

Eines Nachmittags um drei raste auf der Insel Ratona ein Junge den Strand entlang und schrie: »Pajaro, ahoi!« Auf diese Weise gab er der Welt mit lauter Stimme Kunde von der Schärfe seines Ohrs und der Treffsicherheit seines Urteils.

Derjenige, der als erster das Pfeifen eines sich nähernden Dampfers hörte, ihn laut ankündigte und den richtigen Namen des Schiffes wußte, war ein kleiner Held in Ratona – bis der nächste Dampfer kam. Deshalb gab es unter der barfüßigen Jugend von Ratona viele Rivalitäten, und so mancher fiel den auf einer Muschel geblasenen Signalen der Schaluppen zum Opfer, die bei der Einfahrt in den Hafen dem Pfeifen eines entfernten Dampfers erstaunlich ähnlich klangen. Und einige konnten Ihnen schon den Namen des Schiffes nennen, wenn sein Pfiff Ihren weniger geübten Ohren nicht lauter klang als das Seufzen des Windes in den Zweigen der Kokospalmen.

Heute aber erntete der Junge, der die ›Pajaro‹ ankündigte, seine Lorbeeren. Ratona spitzte die Ohren, und bald erklang der Baß der Dampfpfeife lauter und näher, und schließlich sah Ratona über dem Palmensaum des niedrigen

Kaps die zwei schwarzen Schornsteine des Frachtdampfers langsam auf die Hafenmündung zukriechen.

Sie müssen wissen, Ratona ist eine Insel, die zwanzig Meilen vor der Südküste einer der südamerikanischen Republiken liegt. Sie ist ein Hafen dieser Republik, und ohne Plackerei oder Trubel schlummert sie sanft in der lächelnden See. Sie ernährt sich vom Überfluß der Tropen, wo alles ›reift, welkt und ins Grab sinkt‹.

Achthundert Menschen verträumen ihr Leben in einem grünumrankten Dorf, das der hufeisenförmigen Biegung seines schmucken Hafens folgt. Die meisten sind spanische und indianische Mestizen, dazu dunkelhäutige Neger aus San Domingo, reinblütige spanische Beamte und etwas Abschaum aus drei oder vier weißen Erobererrassen. Außer den Frachtdampfern, die auf dem Weg zur Küste hier ihre Plantagenaufseher an Bord nehmen, legt kein Schiff in Ratona an. Sie versorgen die Insel mit Sonntagszeitungen, Eis, Chinin, Speck, Wassermelonen und Impfstoffen, und das ist so ungefähr der ganze Kontakt, den Ratona mit der Welt hat.

Die ›Pajaro‹ stoppte an der Hafenmündung und rollte schwer in der Dünung, deren Wellenkämme bis in das ruhige Wasser des Hafenbeckens jagten. Zwei Fischerboote aus dem Dorf waren schon auf halbem Wege zum Dampfer, eins mit den Plantagenaufsehern an Bord, das andere, um zu holen, was zu holen war.

Das Boot der Aufseher wurde mitsamt seinem Inhalt an Bord genommen, und dann dampfte die ›Pajaro‹ nach dem Festland davon, um dort Obst zu laden.

Das andere Boot kehrte nach Ratona zurück. Es enthielt eine Spende der ›Pajaro‹ aus ihrem Eisvorrat, den üblichen Packen Zeitungen und einen Passagier: Taylor Plunkett, Sheriff von Chatham County in Kentucky.

Bridger, der Konsul der Vereinigten Staaten auf Ratona, war gerade dabei, in seiner Dienstbaracke unter einem Brotfruchtbaum, zwanzig Meter vom Ufer des Hafens, sein Gewehr zu putzen. Der Platz des Konsuls in der Prozession seiner Partei war ziemlich am Ende des Zuges. Die Marschmusik hörte er da hinten nur sehr aus der Ferne. Die Rosinen pickten sich andere aus dem Kuchen. Bridgers Anteil an der Beute, das Konsulat auf Ratona, war wenig mehr als eine Pflaume, eine gedörrte Pflaume aus der Staatskrippe. Aber neunhundert Dollar im Jahr bedeuteten auf Ratona üppigen Reichtum. Außerdem schoß er leidenschaftlich gern Alligatoren in den Lagunen in der Nähe des Konsulats, und er fühlte sich durchaus nicht unglücklich.

Als er nach einer sorgfältigen Prüfung des Gewehrschlosses aufsah, erblickte er einen breitschultrigen Mann, der die ganze Tür ausfüllte. Ein breitschultriger, ruhiger Mann mit langsamen Bewegungen und fast zu Vandykeschem Braun verbranntem Gesicht. Ein Mann von fünfundvierzig Jahren, in sauberem Homespun-Anzug, mit spärlichem blonden Haar, einem kurzen graugesprenkelten Bart und blaßblauen Augen, aus denen Güte und Klarheit sprachen.

»Sie sind Mister Bridger, der Konsul«, sagte der breitschultrige Mann. »Man hat mich hierher gewiesen. Können Sie mir sagen, was das für große, kürbisähnliche Dinger sind dort am Wasser in den Bäumen, die wie Staubwedel aussehen?«

»Nehmen Sie diesen Stuhl«, sagte der Konsul und ölte seinen Putzlappen. »Nein, den andern, das Bambusding wird Sie nicht tragen. Ja, das sind Kokosnüsse, grüne Kokosnüsse. Die Schale ist immer hellgrün, ehe sie reif werden.«

»Vielen Dank«, sagte der andere und setzte sich vorsichtig. »Ich hätte den Leuten zu Hause nicht gern erzählt, daß es Oliven sind, ohne es genau zu wissen. Mein Name ist Plunkett. Ich bin der Sheriff von Chatham County in Kentucky. Ich habe Auslieferungspapiere in der Tasche, die mich berechtigen, einen bestimmten Mann auf dieser Insel in Haft zu nehmen. Sie sind vom Präsidenten des Landes unterschrieben und völlig in Ordnung. Der Mann heißt Wade Williams. Er ist Kokosnußpflanzer. Gesucht wird er, weil er vor zwei Jahren seine Frau ermordet hat. Wo kann ich ihn finden?«

Der Konsul kniff ein Auge zu und sah durch den Lauf seines Gewehres.

»Es gibt niemand auf der Insel, der sich ›Williams‹ nennt«, bemerkte er.

»Das hab ich mir schon gedacht«, sagte Plunkett ruhig. »Mir ist er auch mit jedem andern Namen recht.«

»Außer mir selbst«, sagte Bridger, »gibt es nur noch zwei Amerikaner auf Ratona, Bob Reeves und Henry Morgan.«

»Der Mann, den ich suche, verkauft Kokosnüsse«, bedeutete Plunkett.

»Sehen Sie die Reihe Kokospalmen, die bis zum Kap hinaufreicht?« sagte der Konsul und zeigte nach der offenen Tür. »Die gehört Bob Reeves. Henry Morgan gehört die andere Hälfte aller Bäume auf der Luvseite der Insel.«

»Vor einem Monat«, sagte der Sheriff, »schrieb Wade Williams einen vertraulichen Brief an einen Mann in Chatham County und berichtete ihm, wo er steckt und wie es ihm geht. Der Empfänger verlor den Brief, und die Person, die ihn fand, meldete die Sache. Ich wurde losgeschickt und habe nun die Papiere. Ich glaube bestimmt, daß es einer von Ihren Kokosnußleuten ist.«

»Sie haben natürlich ein Bild von ihm«, sagte Bridger. »Es könnte Reeves oder Morgan sein, aber ich kann mir das nicht vorstellen. Beide sind prächtige Kerle, wie sie weit und breit nicht zu finden sind.«

»Nein«, antwortete Plunkett zweifelnd, »ich konnte kein Bild von Williams auftreiben. Und selber habe ich ihn auch noch nicht gesehen. Ich bin erst ein Jahr lang Sheriff. Aber ich habe eine ziemlich genaue Beschreibung von ihm. Zirka eins achtzig groß, dunkles Haar und dunkle Augen; Nase beinah römisch, breite Schultern, feste weiße Zähne ohne Lücke; er lacht und erzählt gern, trinkt viel, aber nie bis zur Trunkenheit; sieht einem beim Sprechen gerade in die Augen; Alter fünfunddreißig. Auf welchen von Ihren Leuchten paßt die Beschreibung?«

Der Konsul grinste breit.

»Ich will Ihnen was sagen«, meinte er, legte das Gewehr beiseite und zog seinen schäbigen schwarzen Wollrock an. »Kommen Sie mit, Mister Plunkett, ich bringe Sie zu den Jungens hoch. Wenn Sie sagen können, auf welchen von beiden die Beschreibung paßt, dann können Sie mehr als ich.«

Der Konsul führte den Sheriff hinaus und über den steinigen Strand, an den sich die winzigen Häuser des Dorfes drängten. Unmittelbar dahinter erhoben sich kleine, dichtbewaldete Hügel. Über Stufen, die in den harten Lehm geschnitten waren, führte der Konsul Plunkett auf einen dieser Hügel. Dicht am Fuß einer kleinen Anhöhe stand eine zweiräumige Holzhütte mit Strohdach. Eine karibische Frau wusch draußen Wäsche. Der Konsul geleitete den Sheriff zur Tür des Raumes, von dem man den Hafen überblicken konnte.

In dem Zimmer waren zwei Männer in Hemdsärmeln, die sich gerade an den gedeckten Tisch zum Essen setzen wollten. Im einzelnen sahen sie sich wenig ähnlich, aber die allgemeine Beschreibung, die Plunkett gegeben hatte, traf tatsächlich auf beide zu. Größe, Haarfarbe, Form der Nase, Körperbau und Umgangsformen stimmten bei beiden mit ihr überein. Sie waren gute Typen des umgänglichen, schlagfertigen, breitgebauten Amerikaners, die sich in einem fremden Land als Kameraden zusammengetan hatten.

»Hallo, Bridger!« riefen sie wie aus einem Mund, als sie den Konsul erblickten. »Kommen Sie und essen Sie mit uns!« Und dann bemerkten sie Plunkett hinter ihm und kamen mit gastfreundlicher Neugier näher.

»Meine Herren«, sagte der Konsul, und seine Stimme klang ungewöhnlich förmlich, »dies ist Mister Plunkett. Mister Plunkett – Mister Reeves und Mister Morgan.«

Die Kokosnußbarone begrüßten den Ankömmling freudig. Reeves schien etwa ein Zoll größer zu sein als Morgan, aber sein Lachen klang nicht ganz so laut. Morgans Augen waren dunkelbraun, die von Reeves schwarz. Reeves war Gastgeber und beeilte sich, Stühle herbeizuholen und der karibischen Frau zuzurufen, sie solle noch zwei Gedecke bringen. Es stellte sich heraus, daß Morgan in einer Bambushütte auf der Luvseite wohnte, daß aber die beiden Freunde täglich miteinander zu Mittag aßen. Während dieser Vorbereitungen stand Plunkett still da und schaute sich mit seinen hellblauen Augen freundlich um. Bridger sah verlegen, als wolle er um Entschuldigung bitten, vor sich hin.

Schließlich wurden die beiden Gedecke aufgelegt und den Gästen Plätze angewiesen. Reeves und Morgan standen ihren Besuchern gegenüber nebeneinander am Tisch. Reeves nickte heiter zum Zeichen, daß sich alle setzen sollten. Aber da hob Plunkett plötzlich mit gebieterischer Geste die Hand. Er sah geradeaus, an Reeves und Morgan vorbei ins Leere.

»Wade Williams«, sagte er ruhig. »Sie sind wegen Mordes verhaftet.«

Reeves und Morgan wechselten sofort einen raschen, belustigten Blick, in dem sich Erstaunen mit Überraschung mischte. Dann wandten sie sich gleichzeitig mit einem verdutzten und freimütigen Blick der Entschuldigung dem Sprecher zu.

»Kann nicht sagen, daß wir Sie verstehen, Mister Plunkett«, sagte Morgan heiter. »Sagten Sie ›Williams‹?«

»Was ist das für ein Witz, Bridgerchen?« fragte Reeves, sich lächelnd an den Konsul wendend. Ehe Bridger antworten konnte, sprach Plunkett weiter.

»Ich will es Ihnen erklären«, sagte er ruhig. »Einer von Ihnen braucht keine Erklärung, aber ich richte meine Worte an den andern. Einer von Ihnen ist Wade Williams aus Chatham County, Kentucky. Sie haben am fünften Mai vor zwei Jahren Ihre Frau ermordet, nachdem Sie sie fünf Jahre lang ständig mißhandelt und beschimpft haben. Ich habe die ordnungsgemäßen Papiere für Ihren Rücktransport in der Tasche, und Sie werden mit mir zurückfahren. Wir werden den Frachtdampfer nehmen, der morgen zur Insel kommt, um die Aufseher zurückzubringen. Ich gebe zu, meine Herren, daß ich nicht ganz sicher bin, wer von Ihnen Williams ist. Aber Wade Williams fährt morgen nach Chatham County zurück. Ich möchte, daß Sie sich darüber im klaren sind.«

Ein belustigtes Gelächter von Morgan und Reeves dröhnte über den stillen Hafen. Zwei oder drei Fischer von der Flotte der Schaluppen, die dort vor Anker lag, schauten zu dem Haus der *diablos americanos* auf dem Hügel hinauf und wunderten sich.

»Mein lieber Mister Plunkett«, rief Morgan, seine Heiterkeit bezähmend, »das Essen wird kalt. Setzen wir uns erst mal, und essen wir. Ich habe den dringenden Wunsch, meinen Löffel in diese Haifischflossensuppe zu tauchen. Von Geschäften später.«

»Setzen Sie sich, meine Herren, bitte«, fügte Reeves vergnügt hinzu. »Mister Plunkett hat sicher nichts dagegen. Vielleicht kann er ein bißchen Zeit ganz gut brauchen, um den Herrn, den er verhaften möchte, zu identifizieren.«

»Hab nichts dagegen, ganz und gar nicht«, sagte Punkett und ließ sich schwer auf seinen Stuhl fallen. »Ich hab selber Hunger. Aber ich wollte Ihre Gastfreundschaft nicht annehmen, ohne Sie zu warnen, weiter nichts.«

Reeves setzte Flaschen und Gläser auf den Tisch.

»Hier ist Kognak«, sagte er, »Anislikör, schottischer Whisky und Korn. Wählen Sie.«

Bridger nahm Korn, Reeves schenkte sich einen drei Finger hohen Whisky ein, und Morgan nahm dasselbe. Der Sheriff füllte sein Glas gegen den lebhaften Protest der andern aus der Wasserflasche.

»Ich trinke auf den Appetit von Mister Williams!« sagte Reeves, sein Glas hebend. Morgans Gelächter geriet mit seinem Whisky in Kollision, so daß er sich verschluckte und prustete. Alle begannen sich jetzt dem gutgekochten, schmackhaften Essen zu widmen.

»Williams!« rief Plunkett plötzlich scharf.

Alle sahen verwundert auf. Reeves bemerkte, daß die freundlichen Augen des Sheriffs auf ihm ruhten, und errötete ein wenig.

»Hören Sie«, sagte er nicht ohne Schärfe, »ich heiße Reeves und möchte nicht, daß Sie –« Aber da kam ihm die Komik der Situation zu Hilfe, und er endete mit einem Lachen.

»Ich hoffe, Mister Plunkett«, sagte Morgan, indem er sorgfältig eine Alligatorbirne würzte, »Sie sind sich darüber im klaren, daß Sie in Kentucky in beträchtliche Schwierigkeiten geraten können, wenn Sie den falschen Mann zurückbringen, das heißt, wenn Sie überhaupt jemand von hier mitnehmen.«

»Danke für das Salz«, sagte der Sheriff. »Oh, ich werde jemand mitnehmen, und es wird einer von Ihnen beiden sein, meine Herren. Ja, ich weiß, daß ich um den Schadenersatz nicht herumkomme, wenn ich mich irren sollte. Aber ich werde versuchen, den Richtigen zu erwischen.«

»Ich will Ihnen was sagen«, meinte Morgan und beugte sich mit einem lustigen Blinzeln seiner Augen nach vorn, »nehmen Sie mich mit. Ich gehe mit, ohne Schwierigkeiten zu machen. Das Kokosnußgeschäft hat dies Jahr nicht viel abgeworfen, und ich möchte als Ihr Gefangener ganz gern noch ein bißchen dazuverdienen.«

»Das ist nicht fair«, fiel Reeves ein. »Ich hab nur sechzehn

Dollar pro tausend Stück für meine letzte Ladung bekommen. Nehmen Sie mich, Mister Plunkett.«

»Ich werde Wade Williams mitnehmen«, sagte der Sheriff geduldig, »da können Sie ganz beruhigt sein.«

»Es ist, als ob man mit einem Gespenst äße«, bemerkte Morgan mit gespieltem Schaudern. »Und noch dazu mit dem Gespenst eines Mörders! Will jemand so gut sein und dem Geist des verruchten Mister Williams die Zahnstocher reichen?«

Plunkett schien so unbekümmert, als ob er an seinem eigenen Tisch in Chatham County beim Mittagessen säße. Er war ein guter Esser, und die seltsamen tropischen Gerichte kitzelten seinen Gaumen. Schwerfällig, alltäglich aussehend, fast träge in seinen Bewegungen, schienen ihm die Schlauheit und Wachsamkeit des Kriminalisten völlig abzugehen. Er hörte sogar auf, die beiden Männer scharf zu beobachten, und versuchte auch nicht weiter, den Fall zu klären, obwohl er doch mit erstaunlicher Selbstsicherheit angekündigt hatte, daß er einen von ihnen unter der schwerwiegenden Anklage des Gattenmordes festnehmen werde. Hier sah er sich in der Tat einem Problem gegenüber, das ihn, falls er es falsch löste, in arge Verlegenheit bringen konnte, und doch saß er da und richtete (allem Anschein nach) seine ganze Aufmerksamkeit auf den ungewöhnlichen Geschmack eines gebratenen Eidechsenkoteletts.

Der Konsul fühlte sich nicht wohl in seiner Haut. Reeves und Morgan waren seine Freunde und Kameraden; und doch hatte der Sheriff aus Kentucky ein gewisses Recht auf seine offizielle Hilfe und moralische Unterstützung. So saß Bridger sehr schweigsam am Tisch und versuchte, die seltsame Situation zu beurteilen. Er kam zu dem Schluß, daß sowohl Reeves als auch Morgan, schlagfertig wie sie waren, im selben Augenblick, in dem Plunkett seinen Auftrag enthüllt hatte, blitzartig der Gedanke gekommen war, der andere könnte der schuldige Williams sein und daß sich jeder im gleichen Moment entschlossen hatte, den Freund kameradschaftlich gegen das Verhängnis, das ihm drohte, zu schützen. Das war die Theorie des Konsuls, und wenn er Buchmacher bei einem Wettkampf kluger Köpfe um Leben und Freiheit gewesen wäre, dann hätte er hohe Wetten gegen den schwerfälligen Sheriff aus Chatham County in Kentucky angeboten.

Als die Mahlzeit zu Ende war, kam die karibische Frau herein und räumte ab. Reeves streute ausgezeichnete Zigarren über den Tisch, und wie die anderen steckte sich auch Plunkett mit offensichtlichem Genuß eine davon an.

»Vielleicht bin ich ein Dummkopf«, sagte Morgan mit einem Grinsen und Blinzeln zu Bridger hin, »aber ich lasse es darauf ankommen. Also meiner Meinung nach ist das alles nur ein Scherz von Mister Plunkett, um zwei nichtsahnende Hinterwäldler ins Bockshorn zu jagen. Ist die Sache mit diesem Williamson nun ernst gemeint oder nicht?«

»Williams«, verbesserte Plunkett würdevoll. »Ich hab mich noch nie im Leben aufs Witzereißen verstanden, und ich würde schon gar nicht zweitausend Meilen weit fahren, um einen so schlechten Witz loszuwerden, wie dieser es wäre, falls ich Wade Williams nicht zurückbrächte. Meine Herren«, fuhr der Sheriff fort, seine freundlichen Augen unbefangen von einem zum andern wandern lassend, »urteilen Sie doch selbst, ob Sie etwas Witziges an diesem Fall finden können. Wade Williams hört die Worte, die ich jetzt spreche, aber aus Höflichkeit will ich von ihm in der dritten Person reden. Fünf Jahre lang ließ er seine Frau wie einen Hund leben – nein, ich nehme das zurück. Kein Hund in Kentucky wurde je so behandelt. Er verpulverte das Geld, das sie mit in die Ehe gebracht hatte, beim Rennen, am Kartentisch, für Pferde und Jagden. Er war ein guter Kerl seinen Freunden gegenüber, aber ein gefühlloser, finsterer Teufel zu Hause. Und die fünf Jahre der Mißachtung krönte er, indem er sie mit der geballten Faust schlug – mit einer Faust, so hart wie Stein –, als sie krank und durch ihr Leiden geschwächt war. Sie starb am nächsten Tag, und er machte sich aus dem Staube. Das ist alles. Es genügt. Ich habe Williams nie gesehen, aber ich kannte seine Frau. Ich bin nicht der Mann, der etwas nur halb erzählt. Sie und ich, wir waren eng befreundet, als sie ihn kennenlernte. Sie fuhr zu Besuch nach Louisville und traf ihn dort. Ich gebe zu, daß er mich im Handumdrehen aus dem Felde schlug. Damals wohnte ich am Rande des Cumberland-Gebirges. Ein Jahr nachdem Wade Williams seine Frau ermordet hatte, wurde ich zum Sheriff von Chatham County gewählt. Es sind die Pflichten meines Amtes, die mich hierher führen, aber ich gebe zu, daß auch persönliche Gefühle im Spiel sind. Und er wird mit mir zurückfahren. Mister – eh – Reeves, darf ich um Feuer bitten?«

»Ziemlich unklug von Williams«, sagte Morgan, seine Füße gegen die Wand stemmend, »eine Dame aus Kentucky zu schlagen. Ich hab gehört, sie sollen alle Haare auf den Zähnen haben.«

»Elender, gemeiner Kerl, dieser Williams«, sagte Reeves und goß sich noch einen Whisky ein.

Die beiden Männer sprachen leichthin, aber der Konsul sah und spürte die Spannung und Vorsicht in allem, was sie taten und sagten. ›Gute Kerle‹, sagte er sich, ›sie sind alle beide in Ordnung. Sie halten zusammen wie Pech und Schwefel.‹

Und dann kam ein Hund in das Zimmer herein, in dem sie saßen – ein schwarzer Köter mit hellbraunen Flecken, langohrig, träge, zutraulich.

Plunkett wandte den Kopf und sah auf den Hund, der ohne Scheu ein paar Schritte vor seinem Stuhl stehenblieb.

Plötzlich sprang der Sheriff auf und versetzte dem Hund mit seinem schweren Schuh einen boshaften, heftigen Tritt. Tief verletzt, verblüfft, mit hängenden Ohren und eingeklemmtem Schwanz stieß der Hund vor Schmerz und Überraschung ein durchdringendes Geheul aus.

Reeves und der Konsul blieben wortlos sitzen. Sie waren erstaunt darüber, daß der sonst so gutmütige Mann aus Chatham County sich so unerwartet intolerant benahm.

Morgan aber sprang plötzlich mit purpurrotem Gesicht auf und schüttelte drohend die Faust gegen den Gast.

»Sie – Rohling!« rief er leidenschaftlich. »Warum haben Sie das getan?«

Doch schnell beruhigte man sich. Plunkett murmelte eine undeutliche Entschuldigung und setzte sich wieder. Morgan bezwang mit deutlicher Anstrengung seine Entrüstung und kehrte zu seinem Stuhl zurück.

Und dann sprang Plunkett wie ein Tiger um die Tischecke und schnappte Handschellen um die Handgelenke des wie vom Donner gerührten Morgan.

»Hundefreund und Frauenmörder!« rief er. »Machen Sie sich bereit, vor Ihren Gott zu treten.«

Als Bridger geendet hatte, fragte ich ihn:

»Hat er den richtigen Mann erwischt?«

»Natürlich«, sagte der Konsul.

»Aber wie hat er das rausgekriegt?« fragte ich verblüfft.

»Als dieser Plunkett am andern Morgen Morgan ins Boot schaffte, um ihn an Bord der ›Pajaro‹ zu bringen«, antwortete Bridger, »kam er bei mir vorbei, um sich zu verabschieden, und da habe ich ihm dieselbe Frage gestellt.

›Mister Bridger‹, sagte er, ›ich bin aus Kentucky, und ich kenne die Menschen und Tiere dort genau. Aber ich habe noch nie einen Pferde- oder Hundenarren getroffen, der nicht grausam zu Frauen gewesen wäre.‹«

Schuhe

John de Graffenreid Atwood aß den Lotos des Vergessens samt Wurzel, Stiel und Blüte. Die Tropen verschlangen ihn. Fieberhaft stürzte er sich in seine Arbeit, die darin bestand, Rosine zu vergessen.

Die den Lotos speisen, essen ihn selten ungewürzt. Es gibt eine *sauce au diable,* die dazu paßt, und die Küchenchefs, die sie zubereiten, sind die Schnapsbrenner. Auf Johnnys Speisekarte hieß sie Kognak. Eine Flasche zwischen sich, pflegten er und Billy Keogh nachts auf der Veranda des kleinen Konsulats zu sitzen und schöne unanständige Lieder zu singen, bis die Eingeborenen, die eilig vorbeiglitten, die Achseln zuckten und etwas über die *Americanos diablos* vor sich hin brummelten.

Eines Tages brachte Johnnys Bursche die Post und knallte sie auf den Tisch. Johnny beugte sich aus der Hängematte und befühlte trübsinnig die vier, fünf Briefe. Keogh saß auf der Tischkante und hackte mit dem Papiermesser gedankenlos nach den Beinen eines Tausendfüßlers, der zwischen dem Schreibzeug herumkrabbelte. Johnny befand sich in einem Stadium des Lotosgenusses, wo einem alles und jedes einen bitteren Geschmack im Mund zurückläßt.

»Die alte Leier!« klagte er. »Dummköpfe, die um Auskünfte über das Land bitten. Sie wollen alles über den Obstanbau wissen und wie man ohne Arbeit ein Vermögen macht. Die Hälfte schickt nicht mal Briefmarken für die Rückantwort mit. Sie meinen, ein Konsul hat nichts weiter zu tun, als Briefe zu schreiben. Reiß mir die Umschläge auf, Alter, und sieh nach, was sie wollen. Ich fühle mich zu angegriffen, um mich zu rühren.«

Keogh, in einem Maße akklimatisiert, das schlechte Laune

ausschloß, zog mit lächelnder Willfährigkeit auf dem rosigen Gesicht seinen Stuhl an den Tisch und öffnete die Briefe. Vier davon waren von Bürgern aus verschiedenen Teilen der Vereinigten Staaten, die den Konsul in Coralio für eine Art Enzyklopädie zu halten schienen. Sie stellten lange Listen von Fragen, die nach Nummern geordnet waren, über Klima, Erzeugnisse, Möglichkeiten, Gesetze, Geschäftsaussichten und Statistiken des Landes, in dem der Konsul die Ehre hatte, seine Regierung zu vertreten.

»Schreib ihnen bitte, Billy«, sagte dieser träge Beamte, »nur eine Zeile, sie sollen sich den letzten Konsularbericht ansehen. Schreib ihnen, das Auswärtige Amt werde entzückt sein, die verlangten Perlen der Gelehrsamkeit zu liefern. Unterzeichne mit meinem Namen. Und kratze nicht mit der Feder, Billy, das stört mich beim Einschlafen.«

»Schnarch nicht«, sagte Keogh freundlich, »dann mach ich dir deine Arbeit. Jedenfalls brauchst du ein ganzes Korps Gehilfen. Ich kann mir nicht vorstellen, wie du überhaupt je einen Bericht zustande bekommst. Wach mal einen Augenblick auf – hier ist noch ein Brief – noch dazu aus deiner Heimatstadt – aus Dalesburg.«

»Wirklich?« murmelte Johnny und offenbarte ein mäßig obligatorisches Interesse. »Was steht drin?«

»Der Postmeister schreibt«, erklärte Keogh. »Ein Bürger der Stadt möchte ein paar Tatsachen und einen Rat von dir. Der Bürger, schreibt er, hat die Idee, hierherzukommen und einen Schuhladen aufzumachen. Er möchte wissen, ob du meinst, daß sich das Geschäft bezahlt machen würde. Er hat, schreibt er, von der Konjunktur an dieser Küste läuten hören und möchte den Rahm abschöpfen.«

Trotz der Hitze und seiner schlechten Laune mußte Johnny so lachen, daß seine Hängematte schaukelte. Auch Keogh lachte, und aus Sympathie keckerte auch der Hausaffe oben auf dem Bücherschrank gellend zu der spöttischen Aufnahme des Briefes aus Dalesburg.

»Heiliges Kanonenrohr!« rief der Konsul. »Einen Schuhladen! Möchte wissen, wonach sie noch fragen werden! Vermutlich nach einer Fabrik für Winterulster. Wie viele von unsern dreitausend Einwohnern haben wohl jemals ein Paar Schuhe angehabt, Billy?«

Keogh dachte scharf nach.

»Wart mal – du und ich und ...«

»Ich nicht«, unterbrach Johnny sofort und nicht ganz zu Recht, wobei er einen Fuß hochhielt, der in einem durchaus nicht reputierlichen Wildleder-Mokassin steckte. »Seit Monaten zähle ich nicht mehr zu den Schuhopfern.«

»Aber du hast wenigstens welche gehabt«, fuhr Keogh fort. »Und dann noch Goodwin, Blanchard, Geddie, der alte Lutz, Doktor Gregg und dieser Italiener, der Agent der Bananengesellschaft, und der alte Delgado – nein, der trägt Sandalen. Ach ja, und Madame Ortiz, ›wo das Hotel hat‹ – gestern abend beim Tanzen hatte sie ein Paar rote Slipper an. Und ihre Tochter, Miss Pasa, die in den Staaten zur Schule gegangen ist – und von dort etwas zivilisierte Vorstellungen über Fußbekleidung mitgebracht hat. Und dann die Schwester des *commandante,* die an Festtagen ihre Füße bekleidet – und Mrs. Geedie, die ein Paar mit kastilischen Kreuzspangen trägt – und das sind schon alle Damen. Warte – sind nicht noch ein paar Soldaten in der Kaserne – nein, das ist so: nur auf dem Marsch dürfen sie Schuhe tragen. In der Kaserne blecken sie die Zehen.«

»Stimmt ungefähr«, nickte der Konsul. »Nicht mehr als zwanzig von den dreitausend haben je an ihren Gehwerkzeugen Leder gespürt. O ja, Coralio ist haargenau die Stadt für einen unternehmungslustigen Schuhladen – der sich von seinen Waren nicht trennen will. Möchte mal wissen, ob sich der alte Patterson ein Späßchen mit mir erlaubt! Er hat schon immer solche Sachen im Kopf gehabt, die er für Späße hielt. Schreib ihm einen Brief, Billy. Ich werde ihn diktieren. Wir werden ein bißchen zurückspaßen.«

Keogh tauchte seine Feder ein und schrieb nach Johnnys Diktat. Nach vielen Pausen, die mit Rauch und dem Wandern der Flasche und der Gläser ausgefüllt waren, hatten sie schließlich folgende Antwort auf das Schreiben aus Dalesburg verbrochen:

»Mr. Obadiah Patterson, Dalesburg, Alabama

Sehr geehrter Herr!

Auf Ihr Geschätztes vom 2. Juli beehre ich mich, Ihnen mitzuteilen, daß es meiner Meinung nach keinen Ort auf der bewohnbaren Erde gibt, der dem Auge einen deutlicheren Beweis für die Notwendigkeit eines erstklassigen Schuhgeschäftes bietet als Coralio. Wir haben dreitausend Einwohner und kein einziges Schuhgeschäft! Dieser Umstand spricht für sich. Die Küste nimmt einen rapiden Aufschwung als Ziel unternehmungsfreudiger Geschäftsleute, doch das Geschäft mit Schuhen ist dabei bedauerlicherweise übersehen oder vergessen worden. Tatsächlich gibt es eine erhebliche Anzahl Bürger, die im Augenblick wirklich und wahrhaftig ohne Schuhe sind.

Außer dem obenerwähnten Mangel besteht auch ein schreiendes Bedürfnis nach einer Brauerei, einer Lehranstalt für höhere Mathematik, einem Kohlenplatz und einem gekonnten, geistreichen Puppentheater.

Hochachtungsvoll
Ihr ergebener Diener
John de Graffenreid Atwood
U. S. Konsul in Coralio

PS – Hallo, Onkel Obadiah! Wie geht's denn in dem alten Städtchen? Was würde wohl die Regierung ohne Sie und mich anfangen! Erwarten Sie in Bälde einen Papagei mit grünem Schopf und eine Staude Bananen

von Ihrem alten Freund
Johnny.«

»Die Nachschrift füge ich hinzu, damit sich Onkel Obadiah nicht durch den offiziellen Ton des Briefes beleidigt fühlt!« erklärte der Konsul. »Und jetzt besorge die Korrespondenz, Billy, und schick Pancho damit weg. Die ›Ariadne‹ nimmt morgen die Post mit, wenn sie heute ihre Ladung Obst unter Dach und Fach bekommt.«

Das Nachtprogramm in Coralio wechselte nie. Die Volksbelustigungen waren einschläfernd und matt. Barfüßig und ziellos wanderten die Bürger umher, sprachen leise und rauchten Zigarren oder Zigaretten. Wenn man auf die spärlich beleuchteten Wege hinunterblickte, schien man einen schiebenden und drängenden Wirrwarr brünetter Geister vor Augen zu haben, die einer Prozession wahnsinniger Leuchtkäfer ins Gehege kamen. Das aus einigen Häusern dringende klägliche Gitarrengeklimper verstärkte noch den deprimierenden Eindruck der tristen Nacht. Riesenlaubfrösche knarrten und rasselten so laut im Laubwerk wie eine Ratschen-und-Schnarren-Kapelle.

Gegen neun Uhr lagen die Straßen fast wie ausgestorben.

Auch im Konsulat gab es häufig keine Abänderung des Programms. Jeden Abend kam Keogh zu dem einzig kühlen Ort in Coralio – der kleinen, zur See blickenden Veranda des Amtssitzes.

Der Kognak wurde in Bewegung gehalten, und vor Mitternacht pflegten sich im Herzen des freiwillig in die Verbannung gegangenen Konsuls Gefühle zu regen. Dann erzählte er Keogh die Geschichte seines ausgeträumten Liebesromans. Nacht für Nacht hörte Keogh geduldig zu und hielt sein unermüdliches Mitgefühl griffbereit.

»Aber glaub ja nicht, keine Minute lang«, pflegte Johnny seine traurige Erzählung zu beenden, »daß ich mich um das Mädchen gräme, Billy. Ich habe sie vergessen. Sie kommt mir nie mehr in den Sinn. Wenn sie diesen Augenblick zur Tür hereintreten würde, so würde mein Herz nicht die Spur schneller schlagen. Das ist alles längst vorbei.«

»Als ob ich das nicht wüßte!« antwortete dann Keogh. »Natürlich hast du sie vergessen. Ist auch ganz richtig. War nicht ganz in Ordnung von ihr, sich anzuhören, was dieser – dieser Dink Pawson dauernd hinter deinem Rücken über dich redete.«

»Pink Dawson!« – Eine Welt voll Verachtung lag in Johnnys Stimme. »Ein nichtsnutziger armer Weißer! Das war er. Aber er hatte zweihundert Hektar Farmland, und das zählte. Vielleicht bietet sich eines Tages die günstige Gelegenheit, es ihm heimzuzahlen. Die Dawsons waren Nichtse. Aber jeder in Alabama kennt die Atwoods. Weißt du, Billy, daß meine Mutter eine de Graffenreid war?«

»Aber nein«, sagte Keogh, »wirklich?« Er hatte es wohl schon an die dreihundertmal gehört.

»Tatsache. Die de Graffenreids aus dem Distrikt Hancock. Aber ich denke nicht mehr an das Mädchen, nicht wahr, Billy?«

»Keine Minute, mein Junge«, war das letzte, was der Bezwinger Amors hörte. An diesem Punkt pflegte Johnny in sanften Schlummer zu sinken, und Keogh bummelte in seine Hütte unter dem Flaschenkürbisbaum an der Plaza.

Nach ein, zwei Tagen hatten die beiden Verbannten in Coralio den Brief des Postmeisters von Dalesburg und die Antwort darauf vergessen. Doch am 26. Juli zeigte sich die Frucht der Antwort am Baum der Ereignisse.

Die ›Andador‹, ein Bananendampfer, der regelmäßig Coralio anlief, drehte draußen auf See bei und ging vor Anker. Am Strand standen die Schaulustigen aufgereiht, während der Quarantänearzt und die Zollbeamten hinausruderten, um ihrer Pflicht nachzugehen.

Eine Stunde später kam Bill Keogh, frisch und sauber in seinem weißen Leinenanzug, in das Konsulat geschlendert und grinste wie ein zufriedener Haifisch.

»Rate mal, was ist«, sagte er zu Johnny, der in seiner Hängematte faulenzte.

»Zu heiß zum Raten«, sagte Johnny träge.

»Dein Schuhladenonkel ist gekommen«, sagte Keogh und ließ den süßen Happen auf der Zunge zergehen, »mit einem Warenlager, das groß genug ist, den ganzen Kontinent bis runter nach Feuerland zu versorgen. Sie schaffen gerade seine Kisten aufs Zollamt. Sechs Frachtboote voll haben sie schon an Land gebracht und sind zurückgepaddelt, um den Rest zu holen. Oh, ihr Heiligen in eurer Glorie! Wie wird das die Luft auffrischen, wenn er hinter den Spaß kommt und dem Herrn Konsul auf den Zahn fühlt! Diesen herrlichen Augenblick mitzuerleben ist neun Jahre Tropen wert.«

Keogh hatte es gern bequem bei seinen Heiterkeitsausbrüchen. Er suchte sich eine saubere Stelle auf den Matten und legte sich auf den Fußboden. Die Wände wackelten, so freute er sich. Johnny drehte sich halb herum und blinzelte.

»Du willst mir doch nicht weismachen, daß jemand so behämmert gewesen ist, den Brief ernst zu nehmen?« sagte er.

»Ein Warenlager für viertausend Dollar!« keuchte Keogh entzückt. »Red mir noch einer von Sand in die Wüste tragen! Warum hat er nicht gleich eine Schiffsladung Palmwedel nach Spitzbergen gebracht, wo er schon einmal damit beschäftigt war? Hab den alten Knacker am Strand gesehn. Du hättest dabeisein sollen, wie er seine Brille rauskramte und verstohlen nach den etwa fünfhundert barfüßigen Bürgern schielte, die da rumstanden.«

»Sprichst du die Wahrheit, Billy?« fragte der Konsul schwach.

»Vielleicht nicht? Du hättest bloß die Tochter von dem angeschmierten Gentleman sehen sollen, die er mitgebracht hat, Klasse! Gegen die sehen die Ziegelstaubseñoritas hier wie Negerbabys aus.«

»Weiter«, sagte Johnny, »wenn du freundlicherweise mit dem blöden Gekicher aufhören würdest. Ich kann es nicht ausstehen, wenn sich ein erwachsener Mann wie eine hihilachende Hyäne aufführt.«

»Heißt Hemstetter«, fuhr Keogh fort. »Er ist ... nanu, was ist denn nun los?«

Johnnys mokassinbeschuhte Füße dröhnten auf den Boden, als er sich aus der Hängematte wand.

»Steh auf, du Idiot«, sagte er finster, »oder ich schlag dir das Schreibzeug über den Schädel. Das sind Rosine und ihr Vater. Heiliges Gewitter! Was für ein schwachsinniger Blödling ist doch dieser alte Patterson! Steh auf, Billy Keogh, und hilf mir! Was zum Teufel sollen wir machen? Ist denn alle Welt verrückt geworden?«

Keogh erhob sich und staubte sich ab. Er brachte es fertig, sich wieder anständig zu betragen.

»Man muß der Sache ins Auge sehn, Johnny«, sagte er mit dem einigermaßen erfolgreichen Bemühen um Ernsthaftigkeit. »Ich bin gar nicht auf die Idee gekommen, daß es dein Mädchen sein könnte, bis du es gesagt hast. Als erstes muß man ihnen eine bequeme Unterkunft verschaffen. Geh runter und steh deinen Mann, ich werde zu den Goodwins traben und sehen, ob nicht Mrs. Goodwin sie aufnimmt. Sie haben das anständigste Haus in der Stadt.«

»Gott befohlen, Billy!« sagte der Konsul. »Ich wußte, du würdest mich nicht im Stich lassen. Das ist der Weltuntergang, aber vielleicht können wir ihn noch ein, zwei Tage aufhalten.«

Keogh spannte seinen Schirm auf und begab sich zu dem Haus der Goodwins. Johnny nahm Rock und Hut. Er hob die Kognakflasche auf, stellte sie aber wieder hin, ohne zu trinken, und marschierte tapfer hinunter zum Strand.

Im Schatten der Zollamtsmauern fand er Mr. Hemstetter und Rosine, die von einem Haufen gaffender Bürger umgeben waren. Die Zollbeamten verbeugten sich und machten Kratzfüße, während der Kapitän der ›Andador‹ das Anliegen der Neuankömmlinge verdolmetschte. Rosine sah gesund und quicklebendig aus. Mit amüsiertem Interesse betrachtete sie die fremdartigen Kulissen ringsum. Eine leichte Röte flog über ihre runden Wangen, als sie von ihrem alten Verehrer begrüßt wurde. Mr. Hemstetter schüttelte Johnny freundlich die Hand. Er war ein altmodischer, lebensuntüchtiger Mann – einer von den unzähligen herumziehenden Geschäftsleuten, die ewig unzufrieden sind und eine Veränderung suchen.

»Freut mich sehr, Sie zu sehen, John – ich darf Sie doch John nennen?« sagte er. »Vielen Dank für Ihre prompte Antwort auf die Anfrage unseres Postmeisters. Er hatte sich freiwillig erboten, Ihnen meinetwegen zu schreiben. Ich sah mich gerade nach einer anderen Beschäftigungsmöglichkeit um, die mehr abwirft. Aus den Zeitungen hatte ich ersehen, daß der Küste hier von den Geldleuten viel Aufmerksamkeit zuteil wird. Ich bin Ihnen außerordentlich dankbar für Ihren Rat. Ich habe alles, was ich besaß, verkauft und den Ertrag in einem Vorrat der elegantesten Schuhe angelegt, die ich im Norden bekommen konnte. Eine malerische Stadt haben Sie hier, John. Ich hoffe, das Geschäft läßt sich so gut an, wie ich es nach Ihrem Brief erwarten darf.«

Johnnys Seelenpein wurde durch die Ankunft von Keogh abgekürzt, der mit der Nachricht gelaufen kam, Mrs. Goodwin werde sehr erfreut sein, Mr. Hemstetter und seiner Tochter Räumlichkeiten zur Verfügung zu stellen. So wurden Mr. Hemstetter und Rosine unverzüglich hingeführt und dort gelassen, um sich nach den Beschwernissen der Reise zu erfrischen, wohingegen Johnny hinunterging und nachsah, ob die Schuhkisten während der noch nicht abgeschlossenen Untersuchung durch die Beamten im Zollspeicher sicher untergebracht waren. Keogh, der wie ein Haifisch grinste, schwänzelte auf der Suche nach Goodwin herum, um ihm beizubringen, daß er Mr. Hemstetter ja nicht Coralios wahre Beschaffenheit als Schuhmarkt offenbare, bis Johnny eine Gelegenheit gefunden habe, die Situation zu retten, falls das überhaupt möglich sei.

Diese Nacht hielten der Konsul und Keogh auf der luftigen Veranda des Konsulats eine verzweifelte Beratung ab.

»Schick sie wieder nach Hause«, begann Keogh, der Johnnys Gedanken las.

»Ich würde schon«, sagte Johnny nach kurzem Schweigen, »aber ich hab dich belogen, Billy.«

»Schon gut«, meinte Billy freundlich.

»Ich hab dir hundertmal erzählt«, sagte Johnny langsam, »daß ich das Mädchen vergessen habe, nicht wahr?«

»Ungefähr dreihundertfünfundsiebzigmal«, nickte das Denkmal unermüdlicher Geduld.

»Ich habe gelogen«, wiederholte der Konsul, »jedesmal. Keine Minute hab ich sie vergessen. Ich war ein bockbeiniger Esel, daß ich weglief, bloß weil sie einmal nein gesagt hatte. Und ich war ein zu stolzer Trottel, um zurückzufahren. Heute abend habe ich bei den Goodwins ein paar Minuten mit Rosine gesprochen. Dabei habe ich eine Sache herausgefunden. Du erinnerst dich an diesen Farmerburschen, der immer hinter ihr her war?«

»Dink Pawson?« fragte Keogh.

»Pink Dawson. Ja, der hat ihr rein nichts bedeutet. Sie sagt, sie hat kein Wort von all dem geglaubt, was er ihr über mich erzählt hat. Aber jetzt bin ich in einer schrecklichen Lage, Billy. Dieser blöde Brief, den wir geschickt haben, macht jede Aussicht, die mir noch blieb, zunichte. Sie wird mich verabscheuen, wenn sie herausbekommt, daß ihr alter Vater das Opfer eines Spaßes geworden ist, den sich kein anständiger Schuljunge hätte zuschulden kommen lassen. Schuhe! Keine zwanzig Paar Schuhe könnte er in Coralio verkaufen, und wenn er dreist zwanzig Jahre den Laden halten würde. Zieh einem von diesen karibischen oder spanischen braunen Kerlen ein Paar Schuhe an, was wird er tun? Auf dem Kopf stehn und schreien, bis er sie runtergestrampelt hat. Keiner von denen hat je Schuhe getragen und wird es nie. Wenn ich die beiden nach Hause zurückschicke, muß ich ihnen die ganze Geschichte erzählen, und was wird sie dann von mir denken? Mein Verlangen nach dem Mädchen ist schlimmer denn je, Billy, und jetzt, da sie in Reichweite ist, hab ich sie für immer verloren, weil ich ulkig zu sein versuchte, als das Thermometer auf hundertzwei Grad Fahrenheit stand.«

»Nimm's nicht so tragisch«, sagte der optimistische Keogh. »Laß sie doch den Laden aufmachen. Ich bin heute nachmittag nicht untätig gewesen. Auf jeden Fall können wir eine zeitweilige Konjunktur in Fußbekleidung ankurbeln. Ich werde sechs Paar kaufen, sobald die Tür offen ist. Ich bin überall rumgegangen und hab all unsere Freunde besucht und ihnen die Katastrophe auseinanderklamüsert. Alle werden Schuhe kaufen, als wären sie Tausendfüßler. Frank Goodwin wird sie gleich kistenweise abnehmen. Die Geddies wollen an die elf Paar für sich. Clany wird die Ersparnisse von Wochen dransetzen, und sogar der alte Doktor Gregg will drei Paar Krokodillederslipper, wenn sie die Größe zehn dahaben. Blanchard hat einen Blick auf Miss Hemstetter werfen können, und da er Franzose ist, wird er's nicht unter einem Dutzend Paar Schuhen machen.«

»Ein Dutzend Kunden«, sagte Johnny, »für ein Schuhlager im Wert von viertausend Dollar! Es wird nicht klappen. Das ist ein Riesenproblem und will überlegt sein. Geh nach Hause, Billy, und laß mich allein. Ich muß mich ganz für mich damit beschäftigen. Nimm die Flasche Dreistern mit – nein, mein Herr, keinen Tropfen Alkohol mehr für den Konsul der Vereinigten Staaten. Ich werde heute nacht hier sitzen bleiben und den Pfropfen aus meinem Denkapparat ziehen. Wenn diese Sache irgendwo eine weiche Stelle hat, werde ich sie finden. Wenn nicht, gibt es wieder einen Schiffbruch zum Ruhm der herrlichen Tropen.«

Keogh ging, weil er spürte, daß er nichts nützen konnte. Johnny legte eine Handvoll Zigarren auf den Tisch und streckte sich in einen Liegestuhl. Als unvermutet das Tageslicht anbrach und die Kräuselwellen im Hafen versilberte, saß er immer noch da. Dann stand er auf, pfiff eine Melodie und nahm sein Bad.

Um neun Uhr ging er hinunter zu dem schmutzigen kleinen Telegraphenbüro und stand eine halbe Stunde über ein Formular gebeugt. Das Ergebnis seiner Anstrengung war folgende Mitteilung, die er unterschrieb und für dreiunddreißig Dollar absenden ließ:

»*An Pinkey Dawson*
Dalesburg, Alabama
Anweisung 100 Dollar mit nächster Post. Verladet an mich sofort 500 Pfund starre, trockene Kletten. Neue Verwendung hier für angewandte Kunst. Marktpreis 20 Cent pro Pfund. Weitere Bestellungen wahrscheinlich. Lebhafte Nachfrage.«

Schiffe

Innerhalb einer Woche war ein geeignetes Haus in der Calle Grande beschafft worden, und Mr. Hemstetters Schuhvorrat war in den Regalen untergebracht. Die Ladenmiete war niedrig, und das Lager machte mit den verlockend zur Schau gestellten weißen Kartons einen vornehmen Eindruck.

Johnny wurde von seinen Freunden getreulich unterstützt. Gleich am ersten Tag schlenderte Keogh wie zufällig ungefähr jede Stunde einmal in den Laden und kaufte Schuhe. Nachdem er je ein Paar Randgenähte, Halbschuhe mit Gummizügen, Knopfstiefel aus Ziegenleder, flache Kalbslederne, Tanzpumps, Gummistiefel, verschiedenfarbige Waschlederne, Tennisschuhe und geblümte Pantoffeln gekauft hatte, suchte er Johnny auf, um sich von ihm die Namen anderer Modelle vorsagen zu lassen, nach denen er fragen konnte. Auch die übrigen englisch sprechenden Bewohner spielten ihre Rolle hervorragend, indem sie oft und reichlich kauften. Keogh machte den Oberfestordner und teilte ihre Einkaufsbesuche so ein, daß der erwünschte Kundendrang ein paar Tage lang anhielt.

Mr. Hemstetter war mit dem bisherigen Geschäftsergebnis soweit ganz zufrieden, gab jedoch seiner Verwunderung Ausdruck, daß sich die Eingeborenen mit ihren Einkäufen zurückhielten.

»Ach, die sind schrecklich mißtrauisch«, erklärte Johnny und wischte sich nervös die Stirn. »Sie werden sich schon bald genug daran gewöhnen. Und wenn sie kommen, gibt es einen Riesenansturm.«

Eines Nachmittags erschien Keogh, nachdenklich an einer nichtangezündeten Zigarre kauend, im Konsulat.

»Hast du irgendwas in petto?« fragte er Johnny. »Wenn ja, ist es Zeit, damit rauszurücken. Wenn du dir von einem Herrn im Publikum einen Hut borgen und einen Haufen Kunden für einen wertlosen Schuhladen aus ihm herauszaubern kannst, solltest du losquasseln. Die Jungs haben durch die Bank genug Schuhzeug für zehn Jahre gespeichert, und in dem Schuhladen tut sich nur noch ein süßes Nichtstun. Ich bin eben vorbeigegangen. Dein ehrwürdiges Opfer stand in der Tür und blickte durch seine Brille nach den nackten Zehen, die an seinem Laden vorbeigingen. Die Eingeborenen hier haben eben die wahre Künstlernatur. Ich und Clancy haben heute vormittag in zwei Stunden achtzehn Schnellfotos auf Blech gemacht. Aber den ganzen Tag wurde bloß ein Paar Schuhe verkauft. Blanchard ging rein und kaufte ein Paar pelzbesetzte Haustreter, weil er zu sehen glaubte, daß Miss Hemstetter im Laden verschwand. Ich hab gesehen, wie er die Schlappen hinterher in die Lagune warf.«

»Morgen oder übermorgen kommt ein Bananendampfer aus Mobile«, sagte Johnny. »Bis dahin können wir nichts machen.«

»Was hast du vor – eine Nachfrage zu schaffen?«

»Nationalökonomie ist wohl nicht deine starke Seite«, sagte der Konsul anzüglich. »Man kann keine Nachfrage schaffen. Aber man kann die unumgängliche Notwendigkeit für eine Nachfrage schaffen. Und das habe ich vor.«

Zwei Wochen nachdem der Konsul das Telegramm abgeschickt hatte, brachte der Bananendampfer einen geheimnisvollen, mächtigen braunen Ballen unbekannten Inhalts. Johnnys Einfluß bei den Leuten im Zollamt war groß genug, daß er die Ware ohne die übliche Untersuchung ausgehändigt bekam. Er ließ den Ballen ins Konsulat schaffen und heimlich im Hinterzimmer verstauen.

In der Nacht riß er eine Ecke auf und nahm eine Handvoll Kletten heraus. Er prüfte sie mit jener Sorgfalt, mit der ein Krieger seine Waffen prüft, bevor er für Minne und Leben in die Schlacht zieht. Die Kletten waren reife Augusternte, hart wie Haselnüsse und von nadelscharfen und -steifen Stacheln strotzend. Johnny pfiff leise eine kleine Melodie und machte sich auf die Suche nach Billy Keogh.

Später, in der Nacht, als ganz Coralio in Schlummer lag, gingen er und Billy durch die verlassenen Straßen, die Jacketts wie Ballons aufgebauscht. Wieder und wieder gingen sie die Calle Grande hinauf und hinunter und streuten die scharfen Kletten sorgfältig in den Sand, auf die engen Bürgersteige und in jeden Fußbreit Gras zwischen den schweigenden Häusern. Und dann nahmen sie sich die Seitenwege und Nebenstraßen vor und ließen keine aus. Keine Stelle, auf die Mann, Frau oder Kind den Fuß setzen konnte, wurde vergessen. Viele Male machten sie den Weg zu ihrem stachligen Schatz. Als fast schon der Morgen heraufzudämmern begann, legten sie sich zu friedlicher Ruhe nieder wie große Generäle, die ihre Taktik geändert und einen Sieg vorbereitet haben, und schliefen in dem Bewußtsein, daß sie ihren Samen gesät hatten mit der Sorgfalt des Teufels, der da Unkraut säte, und mit der Beharrlichkeit des Pflanzgärtners Paulus.

Mit der aufgehenden Sonne kamen die Obst- und Fleischhändler und legten ihre Waren in der kleinen Markthalle und in ihrem Umkreis aus. Die Markthalle stand nahe der Küste am Stadtrand, und so weit waren die Kletten nicht verstreut. Die Händler warteten lange über die Stunde hinaus, da sonst der Verkauf begann. Niemand kam, um zu kaufen. *»Qué hay?«* riefen sie einander zu.

Zur gewohnten Stunde glitten aus den Lehmziegelhäusern, Palmenhütten, grasgedeckten Kabusen und dem dunklen Patio die Frauen – schwarze Frauen, braune Frauen, zitronenblasse Frauen, schwarzbraune, gelbe und gelbbraune Frauen. Sie waren die Kunden, die sich auf den Weg zum Markt machten, um den Familienproviant an Maniok,

Früchten, Fleisch, Geflügel und Tortillas einzukaufen. Sie waren dekolletiert, hatten bloße Arme und nackte Füße und trugen nur einen Rock, der bis übers Knie reichte. Nichtsahnend und kuhäugig kamen sie aus ihren Türen heraus und traten auf die engen Wege oder in das weiche Gras auf den Straßen.

Die ersten, die auftauchten, quiekten ungläubig und hoben schnell einen Fuß hoch. Noch ein Schritt, und sie hockten sich unter gellendem Angstgeschrei nieder, um nach den neuen peinigenden Insekten zu schlagen, die sie in die Füße gestochen hatten. *»Qué picadores diablos!«* kreischten sie sich über die schmalen Wege zu. Manche versuchten im Gras statt auf den Wegen zu gehen, aber auch sie wurden von den sonderbaren stachligen kleinen Bällchen gestochen und gebissen. Sie plumpsten ins Gras, und ihr Wehgeschrei vereinte sich mit dem ihrer Schwestern auf den Sandwegen. Durch die ganze Stadt war das klagende Weibergeschnatter zu hören. Die Händler auf dem Markt wunderten sich immer noch, warum keine Käufer kamen.

Dann kamen die Männer, die Herren der Erde. Auch sie fingen an zu hüpfen, zu tanzen, zu springen und zu fluchen. Sie standen verdattert und verdutzt oder bückten sich, um an der Geißel zu zupfen, die es auf ihre Füße und Fußgelenke abgesehen hatte. Manche erklärten diese Plage lauthals für eine unbekannte Art von Giftspinnen.

Und dann kamen die Kinder zu ihrer Morgentoberei gelaufen. Und nun mischte sich in den Lärm das Geheul humpelnder Knirpse, von Kletten gepiekter Kinder. Mit jeder Minute des fortschreitenden Tages vergrößerte sich die Zahl der Opfer.

Doña Maria Castillas y Buenventura de las Casas trat wie jeden Tag aus ihrer hochachtbaren Tür, um aus der Bäckerei auf der anderen Straßenseite frisches Brot zu holen. Sie trug einen Rock aus gelber, geblümter Glanzseide, ein gefälteltes Leinenhemd und eine purpurne Mantilla von den Webstühlen Spaniens. Ihre zitronengelben Füße waren leider nackt. Sie schritt majestätisch, denn waren nicht ihre Ahnen Hidalgos aus Aragon? Drei Schritte ging sie über das samtene Gras und setzte ihren aristokratischen Fuß auf ein ganzes Büschel von Johnnys Kletten. Doña Maria Castillas y Buenventura de las Casas jaulte auf wie eine Wildkatze. Sie drehte sich um, fiel auf Hände und Knie und kroch – ja, kroch wie ein Feld-und-Wiesen-Tier zu ihrer hochachtbaren Türschwelle zurück.

Don Señor Ildefonso Federico Valdazar, Friedensrichter, zweieinhalb Zentner Lebendgewicht, wollte gerade seinen Wanst in die Kneipe an der Ecke der Plaza befördern, um seinen Morgendurst zu stillen. Der erste Tritt seines unbeschuhten Fußes in das kühle Gras traf eine versteckte Mine. Don Ildefonso stürzte wie eine geknickte Kathedrale und schrie, ein giftiger Skorpion habe ihm einen tödlichen Stich beigebracht. Überall hüpften, strauchelten und hinkten die schuhlosen Bürger und zogen sich die bösartigen Insekten aus den Füßen, die in einer einzigen Nacht gekommen waren, sie zu plagen.

Der erste, dem ein Mittel dagegen einfiel, war der Barbier Estebán Delgado, ein gereister und gebildeter Mann. Er saß auf einem Stein und zupfte Kletten aus seinen Zehen und redete eine Rede: »Seht dieses Satansviehzeug, meine Freunde! Ich kenne es gut. Es fliegt in Schwärmen durch den Himmel wie die Tauben. Dies hier sind die toten, die in der Nacht runtergefallen sind. In Yukatan habe ich welche so groß wie Orangen gesehen. Jawohl! Da zischen sie wie Schlangen und haben Flügel wie Fledermäuse. Schuhe – Schuhe braucht man! *Zapatos – zapatos* für mich!«

Estebán humpelte zu Mr. Hemstetters Laden und kaufte sich Schuhe. Als er herauskam, stolzierte er ungestraft die Straße hinunter und schimpfte laut auf das Satansviehzeug. Die Leidenden saßen oder standen auf einem Fuß und starrten den immun gewordenen Barbier an. Und Männer,

Frauen und Kinder nahmen den Ruf auf: *»Zapatos! Zapatos!«*

Die unumgängliche Notwendigkeit für die Nachfrage war geschaffen. Als nächstes kam die Nachfrage. An diesem Tag verkaufte Mr. Hemstetter dreihundert Paar Schuhe.

»Es ist wirklich erstaunlich«, sagte er zu Johnny, der abends kam, um ihm beim Aufräumen des Lagers zu helfen, »wie sich das Geschäft erholt. Gestern habe ich nur drei Verkäufe getätigt.«

»Ich habe Ihnen gesagt, daß sie ein Riesengeschrei machen würden, wenn sie erst mal soweit wären«, sagte der Konsul.

»Ich glaube, ich sollte noch ein Dutzend Kisten bestellen, um den Vorrat nicht ausgehen zu lassen«, meinte Mr. Hemstetter und strahlte durch seine Brillengläser.

»Ich würde jetzt noch keine Bestellungen aufgeben«, riet Johnny. »Warten Sie ab, ob der Verkauf so bleibt.«

Jede Nacht streuten Johnny und Keogh die Saat aus, die bei Tag zu Dollars heranreifte. Nach zehn Tagen waren zwei Drittel des Schuhvorrats verkauft, und der Klettenvorrat war erschöpft. Johnny telegrafierte an Pink Dawson um weitere fünfhundert Pfund zu dem bisherigen Preis von zwanzig Cent pro Pfund. Mr. Hemstetter bestellte vorsorglich für eintausendfünfhundert Dollar Schuhe bei Firmen im Norden. Johnny lungerte im Laden herum, bis die Bestellung zum Abschicken fertig war, und es gelang ihm, sie zu vernichten, ehe sie das Postamt erreichte.

An diesem Abend zog er Rosine unter den Mangobaum an Goodwins Veranda und gestand ihr alles. Sie blickte ihm in die Augen und sagte: »Du bist ein sehr böser Mensch. Vater und ich werden zurückfahren. Ein Spaß soll das gewesen sein? Ich glaube, es ist eine sehr ernste Sache.«

Doch nach einem halbstündigen Streit hatte sich die Unterhaltung bereits einem andern Gegenstand zugewandt. Die beiden jungen Leute erwogen die besonderen Vorzüge blaßblauer und rosaroter Tapete, mit der das alte, im Kolonialstil gehaltene Herrenhaus der Atwoods in Dalesburg nach der Hochzeit verschönt werden sollte.

Am nächsten Morgen beichtete Johnny Mr. Hemstetter. Der Schuhhändler setzte seine Brille auf und sagte: »Ich habe den Eindruck, Sie sind ein ganz außergewöhnlicher junger Taugenichts. Wenn ich das Unternehmen nicht mit gesundem Geschäftssinn geführt hätte, wäre vielleicht mein gesamtes Warenlager in die Binsen gegangen. Und was soll nun Ihrer Meinung nach mit dem Rest geschehen?«

Als die zweite Sendung Kletten ankam, lud sie Johnny mitsamt dem Restposten Schuhe in einen Schoner und segelte die Küste hinunter nach Alazan.

Dort wiederholte er seinen Erfolg auf dieselbe heimliche und teuflische Weise und kehrte mit einem Sack voll Geld und ohne auch nur einen Schnürsenkel zurück.

Und dann richtete er ein Gesuch an seinen großen Onkel mit dem wehenden Ziegenbart und der Sternenweste, seinen Rücktritt zu genehmigen, da ihn der Lotos nicht mehr reize. Er sehne sich nach dem Spinat und der Kresse Dalesburgs.

Mr. William Terence Keogh wurde als amtierender Konsul vorgeschlagen und genehmigt, und Johnny segelte mit den Hemstetters in seine heimatlichen Gefilde zurück.

Keogh schlüpfte mit der Zwanglosigkeit, die ihn nicht einmal in so hohen Stellungen verließ, in die Sinekure der amerikanischen Konsulwürde. Das Schnellfotografieretablissement gehörte bald der Vergangenheit an, obwohl sein mörderisches Werk an dieser friedlichen und wehrlosen Küste nie erlosch. Die ruhelosen Geschäftspartner wollten wieder fort, als Späher an der Spitze der trägen Glücksritter. Aber jetzt wollten sie verschiedene Wege gehen. Gerüchte über einen vielversprechenden Aufstand in Peru schwirrten herum, und dorthin wollte der kriegerische Clancy seinen Abenteuererschritt lenken. Was Keogh betraf, so entwarf er erst in seinem Kopf und dann auf dem Papier mit dem Regierungsbriefkopf einen Plan, der die Kunst, das Menschenantlitz auf Blech zu verschimpfieren, in den Schatten stellte.

»Die Masche, die mir im Geschäftlichen zusagt«, pflegte Keogh zu erklären, »ist etwas Abwechslungsreiches, das nach mehr aussieht, als es ist – so was wie ein nobles Geschäftchen, und nicht oft genug betrieben, daß es in Briefkursen per Post gelehrt würde. Ich gebe Vorgabe, aber zumindest möchte ich ebenso gute Aussicht haben zu gewinnen wie einer, der auf einem Ozeandampfer Poker lernt oder sich als Republikaner um den Gouverneursposten in Texas bewirbt. Und wenn ich meinen Gewinn kassiere, möchte ich keine Nieten darunter haben.«

Der grasbewachsene Erdball war der grüne Tisch, an dem Keogh spielte. Es waren selbsterfundene Spiele. Er wühlte nicht nach dem zaghaften Dollar. Er hetzte ihn auch nicht mit Hörnern und Hunden. Er hatte mehr Freude daran, ihn mit ungewöhnlichen, blitzenden Fliegen aus seinen Schlupfwinkeln in den Wassern unbekannter Ströme herauszulocken. Und doch war Keogh ein Geschäftsmann, und seine Pläne waren ungeachtet ihrer Eigentümlichkeit so gründlich durchdacht wie die Pläne eines Bauherrn. Zu Artus' Zeiten wäre Sir William Keogh ein Ritter der Tafelrunde gewesen. Heutigentags zieht er nicht nach dem wundertätigen Gral, sondern nach dem wundertätigen Kapital aus.

Drei Tage nach Johnnys Abreise erschienen draußen vor Coralio zwei kleine Schoner. Eine Weile später stieß ein Boot von einem der Schiffe ab und brachte einen sonnengebräunten jungen Mann an Land. Der junge Mann hatte schlaue, berechnende Augen und blickte voll Staunen auf die seltsamen Dinge, die er sah. Am Strand fand er jemand, der ihm den Weg zum Konsulatsbüro wies, und dorthin machte er sich mit kräftigen Schritten auf.

Keogh rekelte sich in dem Armstuhl und zeichnete auf einen Wust Amtspapiere Karikaturen von Onkel Sams Kopf. Er sah zu seinem Besucher auf.

»Wo ist Johnny Atwood?« fragte der sonnengebräunte junge Mann in geschäftlichem Ton.

»Weg«, sagte Keogh und zeichnete fein säuberlich Onkel Sams Halsbinde.

»Das sieht ihm ähnlich«, bemerkte der Nußbraune und lehnte sich an den Tisch. »Er gehörte schon immer zu denen, die herumscharwenzeln, statt sich um die Arbeit zu kümmern. Wird er bald zurück sein?«

»Kaum«, sagte Keogh nach ziemlich langem Überlegen.

»Wahrscheinlich läuft er irgendwelchen Dummheiten nach«, vermutete der Besucher mit dem Brustton der Überzeugung. »Johnny konnte nie so lange bei einer Sache bleiben, um Erfolg zu haben. Ich möchte mal wissen, wie er es fertigbringt, sein Amt auszufüllen, wenn er nicht da ist, um es zu versehen.«

»Das Amt versehe ich jetzt«, räumte der Konsul ein.

»So? Dann erzählen Sie mir mal, wo die Fabrik ist.«

»Welche Fabrik?« fragte Keogh mit maßvoll höflichem Interesse.

»Na, die Fabrik, wo sie die Kletten verwenden. Weiß der Himmel, wofür sie die brauchen! Ich habe beide Schiffe damit vollgeladen. Ich mache Ihnen ein günstiges Angebot für den Posten. Einen Monat lang habe ich alle Männer, Frauen und Kinder in Dalesburg, die nichts zu tun hatten, zum Sammeln angehalten. Ich habe diese Schiffe gemietet, um sie herzubringen. Alle haben gedacht, ich bin verrückt. Sie können den ganzen Posten für fünfzehn Cent pro Pfund frei Hafen haben. Und wenn Sie mehr wollen, wird das alte Alabama wohl die Nachfrage befriedigen können. Johnny hat mir damals, als er wegging, gesagt, daß er mich einsteigen läßt, wenn er hier unten auf eine Sache stößt, bei der Geld zu machen ist. Soll ich die Schiffe hereinfahren und festmachen lassen?«

Ein Ausdruck höchsten, fast ungläubigen Entzückens dämmerte auf Keoghs rotem Gesicht. Er ließ den Bleistift fallen. Seine Augen richteten sich mit heller Freude auf den sonnengebräunten jungen Mann, in die sich jedoch ein wenig Angst mischte, seine jubelnde Begeisterung könnte sich als ein bloßer Traum erweisen.

»Sagen Sie mir um Gottes willen«, fragte Keogh ernst, »sind Sie Dink Pawson?«

»Mein Name ist Pinkey Dawson«, antwortete der Spekulant auf dem Klettenmarkt.

Hingerissen glitt Billy Keogh sacht von seinem Stuhl auf seine Lieblingsstelle am Boden.

An diesem drückendheißen Nachmittag waren nur wenig Geräusche in Coralio zu vernehmen. Unter diesen ist das jauchzende, sündhafte Gelächter erwähnenswert, das ein auf der Erde liegender Irischamerikaner ausstieß, während ein sonnengebräunter, junger Mann mit schlauen Augen erstaunt und verwundert auf ihn niedersah. Und das Trapp-trapptrapp vieler wohlbeschuhter Füße draußen auf den Straßen. Und der einsame Wellenschlag an dem historischen Strand des Karibischen Meeres.

Das Gold, das glänzte

Eine Geschichte mit angehängter Moral ist wie der Stachel eines Moskitos. Er bohrt sich in dich und verspritzt dann einen schmerzenden Tropfen, um dein Gewissen zu beunruhigen. Also wollen wir die Moral voranstellen, damit wir sie hinter uns haben. Es ist nicht alles Gold, was glänzt, aber ein kluges Kind läßt den Stöpsel auf der Säureflasche.

Wo der Broadway den Platz streift, den George Washington der Wahrhaftige beherrscht, ist der kleine Rialto. Hier stehen die Schauspieler jenes Viertels, und das ist ihr Losungswort: »›Nix!‹ sagte ich zu Frohman. ›Mich kriegen Sie für zwei fünfzig pro Abend, und keine Kopeke weniger‹, und weg war ich.«

Westlich und südlich von Thespias blendendem Glanz gibt es ein paar Straßen, wo sich eine spanisch-amerikanische Kolonie eng zusammenkuschelt, um im rauhen Norden ein wenig tropische Wärme zu haben. Der Mittelpunkt des Lebens in dieser Gegend ist ›El Refugio‹, Café und Restaurant für die unsteten Verbannten aus dem Süden. Von Chile, Bolivien, Kolumbien, den rollenden Republiken Zentralamerikas und der zornigen Zone der Westindischen Inseln kommen sie gehuscht, die Señores mit Mantel und Sombrero, die von den politischen Eruptionen ihrer Länder wie glühende Lava verstreut werden. Hierher kommen sie, um Gegenrevolutionen auszuhecken, ihre Zeit abzuwarten, Gelder zu erbitten, Söldner anzuheuern, Waffen und Munition hinauszuschmuggeln, das Spielchen aus der Entfernung zu betreiben. Im ›El Refugio‹ finden sie die Atmosphäre, in der sie gedeihen.

Im Restaurant ›El Refugio‹ werden Speisen aufgetischt, die dem Gaumen der Leute vom Wendekreis des Krebses und dem des Steinbocks köstlich munden. Aus Altruismus müssen wir hier ein wenig verweilen. Oh, du Esser, der du müde bist der kulinarischen Ausflüchte des französischen Kochs, mache dich auf nach ›El Refugio‹! Dort allein findest du einen Fisch – Blaufisch, Alse oder Pompano aus dem Gold –, der nach spanischer Art gebacken ist. Tomaten geben ihm Farbe, Individualität und Seele. Spanischer Pfeffer gibt ihm Würze, Originalität und Leidenschaft; unbekannte Kräuter das Pikante und Geheimnisvolle, und – aber seine schönste Zier verdient einen neuen Satz. Um ihn, über ihm, unter ihm, in seiner Nähe – aber nie in ihm – schwebt ein himmlisches Aroma, ein Fluidum, so verfeinert und zart, daß nur die Physikalische Forschungsgesellschaft seinen Ursprung feststellen könnte. Man sage nicht, daß in dem Fisch im ›El Refugio‹ Knoblauch sei. Es ist nicht anders, als ob der Geist des Knoblauchs im Vorüberflattern einen Kuß darübergehaucht habe, der in dem petersiliengekrönten Gericht verweilt, schmerzlich wie jene Küsse im Leben, ›von hoffnungsloser Liebe auf Lippen hingedichtet, die anderen gehören‹. Und wenn dir dann Conchito, der Kellner, eine Platte mit braunen *Frijoles* bringt und eine Karaffe mit Wein, der zwischen Oporto und ›El Refugio‹ nie gelagert wurde – ah, *Dios*!

Eines Tages setzte ein Schiff der Hamburg-Amerika-Linie den General Perrico Ximenes Villablanca Falcon, Passagier aus Cartagena, auf Pier Nr. 55 ab. Die Hautfarbe des Generals lag zwischen Lehmgrube und braunem Roß, er hatte 105 Taillenweite und war mit seinen Du-Barry-Absätzen 160 Zentimeter groß. Er hatte den Schnurrbart eines Schießbudenbesitzers, trug die volle Montur eines Kongreßmitgliedes aus Texas und sah so wichtigtuerisch aus wie ein Delegierter ohne Instruktionen.

General Falcon hatte genügend Englisch unter seinem Hut, daß er sich nach der Straße, in der ›El Refugio‹ lag, durchfragen konnte. Als er diese Gegend erreichte, sah er ein Schild an einem ansehnlichen Ziegelhaus mit den Worten ›Hotel Español‹. Im Fenster stand auf einer Karte auf spanisch ›*Aqui se habla Español*‹. Der General trat ein, eines sympathischen Hafens gewiß.

In dem behaglichen Büro saß Mrs. O'Brien, die Inhaberin. Sie hatte blondes – oh, untadelig blondes Haar. Ansonsten war sie die Liebenswürdigkeit selbst und von großem Leibesumfang. General Falcon wischte mit seinem breitrandigen Hut über den Fußboden und gab eine Menge Spanisch von sich; die Silben klangen wie Knallfrösche, wenn in einem Bündel allmählich einer nach dem anderen losgeht.

»Spanier oder Italiener?« fragte Mrs. O'Brien freundlich.

»Ich bin Kolumbianer, Madam«, sagte stolz der General. »Ich spreche den Spanisch. Die Anzeuge in Ihre Fenster sagen, der Spanisch werden hier gesprochen. Wie ist das?«

»Na ja, Sie haben es doch gesprochen, nicht wahr?« sagte die Madame. »Ich kann es nicht.«

Im ›Hotel Español‹ nahm sich General Falcon Zimmer und richtete sich ein. In der Abenddämmerung schlenderte er auf die Straßen hinaus, um die Wunder dieser lärmenden Großstadt des Nordens zu schauen. Beim Gehen dachte er an das wunderschöne goldene Haar von Madame O'Brien. ›Hier‹, sagte der General bei sich, zweifellos in seiner eigenen Sprache, ›findet man nun die schönsten Señoras der Welt. In meinem Kolumbien habe ich unter unseren Schönen keine gesehen, die so blond war. Doch es ziemt sich nicht für General Falcon, an Schönheit zu denken. Mein Land erheischt meine Hingabe.‹

An der Ecke Broadway – Kleiner Rialto verhedderte sich der General. Die Straßenbahnwagen verwirrten ihn, und die Stoßstange von einem von ihnen warf ihn gegen einen mit Apfelsinen beladenen Schiebekarren. Ein Taxifahrer verfehlte ihn nur um Zentimeter mit der Achse und überschüttete ihn mit barbarischen Verwünschungen. Er schlug sich durch nach dem Bürgersteig und tat dann wieder vor Schreck einen Satz, als ihm die Pfeife eines Erdnußbrenners einen heißen Schrei ins Ohr stieß. »*Valgame Dios!* Was ist das für eine Teufelsstadt?«

Als der General wie eine angeschossene Schnepfe aus dem Strom der Passanten flatterte, wurde er gleichzeitig von zwei Jägern als jagdbares Wild ausgemacht. Der eine war ›Bulle‹ McGuire, dessen Jagdmethode den Gebrauch eines starken Armes und den Mißbrauch eines acht Zoll langen Bleirohres erforderte. Der andere Asphaltnimrod war ›Spinne‹ Kelley, ein Sportsmann mit raffinierteren Methoden.

Beim Herabstoßen auf ihre offensichtliche Beute war Mr. Kelley eine Idee schneller. Sein Ellbogen fing die Attacke Mr. McGuires genau ab.

»Hau ab!« befahl er grob. »Ich hab ihn zuerst gesehen.« McGuire schlich davon, voller Ehrfurcht vor dem größeren Verstand.

»Entschuldigen Sie«, sagte Mr. Kelley zum General, »aber Sie sind da ins Gedränge geraten, wie? Gestatten Sie, daß ich Ihnen helfe.« Er hob den Hut des Generals auf und staubte ihn ab.

Mr. Kelleys Methoden mußten zwangsläufig zum Erfolg führen. Verwirrt und erschreckt vom Lärm der Straßen begrüßte der General seinen Retter als einen *caballero* von höchst uneigennütziger Gesinnung.

»Ich habe ein Bedürfnis«, sagte der General, »zu dem Hotel von O'Brien zurückzukehren, wo ich wohne. *Caramba, Señor,* es ist eine Lautheit und Schnelligkeit bei Hin und Her in dieser Stadt Nueva York.«

Mr. Kelleys Höflichkeit konnte es nicht zulassen, daß der berühmte Kolumbianer den Gefahren des Rückwegs allein gegenüberstand. An der Tür des ›Hotel Español‹ verhielten sie. Ein Stückchen weiter leuchtete auf der anderen Straßenseite die bescheidene Lichtreklame von ›El Refugio‹. Mr.

Kelley, dem nur wenige Straßen fremd waren, kannte die Lokalität äußerlich als ›Italienerkneipe‹. Mr. Kelley teilte alle Ausländer in die zwei Kategorien Italiener und Franzosen ein. Er machte dem General den Vorschlag, sich dorthin zu begeben und ihre Bekanntschaft mit einer flüssigen Grundlage zu bekräftigen.

Eine Stunde später saßen General Falcon und Mr. Kelley an einem Tisch in der Verschwörerecke von ›El Refugio‹. Zwischen ihnen standen Flaschen und Gläser. Zum zehnten Male vertraute ihm der General das Geheimnis seiner Mission in die *Estados Unidos* an. Er sei hier, erklärte er, um Waffen – zweitausend komplette Armeegewehre – für die kolumbianischen Revolutionäre zu kaufen. Er habe Wechsel der Bank von Cartagena auf ihre New Yorker Geschäftspartner in Höhe von fünfundzwanzigtausend Dollar bei sich. An anderen Tischen schrien andere Revolutionäre ihre politischen Geheimnisse ihren Mitverschworenen zu; aber keiner so laut wie der General. Er haute auf den Tisch, er rief laut nach Wein, er brüllte seinem Freund zu, daß sein Auftrag geheim sei und keiner Menschenseele auch nur angedeutet werden dürfe. Mr. Kelley wurde selbst zu mitfühlender Begeisterung angeregt. Er ergriff über den Tisch hinweg die Hand des Generals.

»Musjöh«, sagte er ernst, »ich weiß nicht, wo Ihr Ländchen liegt, aber ich bin dafür. Ich schätze aber, es muß eine Filiale der Vereinigten Staaten sein, denn die Dichterbrüder und die Pauker nennen uns manchmal auch Columbia. Sie haben großes Glück gehabt, daß Sie heute abend mir in die Quere gekommen sind. Ich bin der einzige in ganz New York, der Ihnen dieses Waffengeschäft unter Dach und Fach bringen kann. Der Kriegsminister der Vereinigten Staaten ist mein bester Freund. Er ist gerade in der Stadt, und ich werde morgen in Ihrer Sache mit ihm sprechen. Und, Musjöh, halten Sie die Wechsel inzwischen schön warm in Ihrer Innentasche. Ich hole Sie morgen ab und bringe Sie zu ihm.

He, das ist doch nicht etwa der Distrikt Columbia, von dem Sie da reden, wie?« schloß Mr. Kelley mit plötzlichem Zweifel. »Den kann man nicht mit zweitausend Gewehren erobern – man hat es schon mit mehr versucht.«

»Nein, nein, nein«, rief der General aus. »Es ist die Republik Kolumbien, es ist eine grrroße Republik ganz oben in Südamerika. *Yes, Yes.*«

»Na, schön«, sagte Mr. Kelley beruhigt. »Wie wär's, wenn wir jetzt nach Hause wandern und in die Heia gehen? Ich werde noch heute dem Minister schreiben und eine Zeit vereinbaren. Es ist eine kitzlige Sache, Gewehre aus New York herauszubekommen. Das bringt noch nicht einmal McClusky fertig.«

Sie trennten sich an der Tür des ›Hotel Español‹. Der General rollte seine Augen mondwärts und seufzte.

»Es ist ein großes Land, ihr Nueva York«, sagte er. »Wirklich, die Wagen auf den Straßen machen einen ganz kaputt, und die Maschine, die die Nüsse kocht, macht schrecklich einen Schrei in das Ohr. Aber, ah, Señor Kelley – die Señoras mit Haar wie viel Gold und schön fett – sie sind *magnificas! Muy magnificas!*«

Kelley ging zur nächsten Telefonzelle und rief in McCrarys Café weiter oben am Broadway an. Er fragte nach Jimmy Dunn.

»Ist dort Jimmy Dunn?« fragte Kelley.

»Ja«, war die Antwort.

»Du lügst«, jauchzte Kelley freudig zurück, »du bist der Kriegsminister. Warte, bis ich hinkomme. Ich habe hier den schönsten Fisch an der Angel, den man je angeködert hat. Das ist eine pikobello Sache mit Goldrand, Bauchbinde und genug bunten Lappen, daß du dir eine rote Flurlampe und eine Statue von Psyche im Bach plätschernd kaufen kannst. Ich komme mit der nächsten Bahn rauf.«

Jimmy Dunn war ein Doktor der Gaunerei. Er war ein Künstler im Betrügen. Er hatte in seinem Leben noch keinen

Totschläger gesehen; und er wies Betäubungsmittel weit von sich.

Er hätte in der Tat einem zukünftigen Opfer nichts als die reinsten Getränke vorgesetzt, wenn man in New York so etwas hätte bekommen können. ›Spinne‹ Kelleys Ehrgeiz bestand darin, sich zu Jimmys Rang emporzuarbeiten.

Diese beiden Herren hatten an jenem Abend eine Besprechung bei McCrary. Kelley erklärte:

»Er ist leichtgläubig wie eine Jungfer. Er kommt von der Insel Kolumbien, wo gerade Streik oder Krawall oder so etwas Ähnliches ist, und man hat ihn hierhergeschickt, um zweitausend Armeegewehre zu kaufen, mit denen man die Sache schlichten will. Er hat mir zwei Wechsel für zehntausend und einen für fünftausend Dollar auf eine hiesige Bank gezeigt. Verdammt, Jimmy, ich nahm es ihm direkt übel, daß er es nicht in Tausenddollarscheinen hatte und mir auf einem silbernen Tablett überreichte. Jetzt müssen wir eben warten, bis er zur Bank geht und uns das Geld holt.«

Sie besprachen sich zwei Stunden lang, dann sagte Dunn: »Bringe ihn morgen nachmittag um vier nach Broadway Nummer –.«

Kelley holte den General rechtzeitig im Hotel ab. Er traf diesen schlauen Kriegshelden in ergötzlicher Unterhaltung mit Mrs. O'Brien an.

»Der Kriegsminister erwartet uns«, sagte Kelley.

Der General riß sich widerstrebend los.

»Ah, Señor«, sprach er seufzend, »die Pflicht ruft an. Aber, Señor, die Señoras Ihrer *Estados Unidos* – was Schönheiten! Zum Beispielen, nehmen Sie la Madame O'Brien – *que magnifica*! Sie ist Göttin – Juno – was man nennt Juno von reinstem Wasser.«

Nun war aber Mr. Kelley ein Witzbold; bessere Männer als er haben sich schon am Feuer ihres eigenen Geistes verbrannt.

»Klar!« sagte er grinsend. »Aber Sie meinen wohl eine Juno von reinstem Wasserstoff, wie?«

Mrs. O'Brien hörte das und hob ihr goldenes Köpfchen. Ihr Geschäftsauge ruhte einen Augenblick lang auf der abgehenden Gestalt des Mr. Kelley. Außer in der Straßenbahn sollte man einer Dame gegenüber nie unnötigerweise unhöflich sein.

Als der tapfere Kolumbianer und sein Begleiter an jener Broadway-Adresse ankamen, ließ man sie eine halbe Stunde lang in einem Vorzimmer warten und dann in ein gut eingerichtetes Büro eintreten, wo ein distinguiert aussehender Mann mit glattem Gesicht an einem Schreibtisch saß.

General Falcon wurde dem Kriegsminister der Vereinigten Staaten von seinem alten Freund Kelley vorgestellt, der auch die Mission des Generals vortrug.

»Ah – Kolumbien!« sagte der Minister bedeutungsvoll, als man ihm die Angelegenheit erklärte. »Ich fürchte, es wird sich in diesem Falle eine kleine Schwierigkeit ergeben. Der Präsident und ich sind da verschiedener Meinung. Er sympathisiert mit der gegenwärtigen Regierung, ich hingegen–« Der Minister schenkte dem General ein rätselhaftes, aber ermutigendes Lächeln. »Sie, General Falcon, wissen natürlich, daß nach dem Tammany-Krieg ein Gesetz vom Kongreß erlassen wurde, das verlangt, daß alle Waffen- und Munitionsexporte über das Kriegsministerium gehen. Wenn ich also etwas für Sie tun kann, dann werde ich es gerne meinem alten Freunde, Mister Kelley, zuliebe tun. Es muß aber unter strengster Geheimhaltung geschehen, da der Präsident, wie gesagt, der Tätigkeit Ihrer revolutionären Partei in Kolumbien nicht wohlwollend gegenübersteht. Ich werde meine Ordonnanz eine Liste der jetzt im Magazin verfügbaren Waffen bringen lassen.«

Der Minister drückte auf eine Klingel, und eine Ordonnanz, mit den Initialen einer Telegrafengesellschaft an der Mütze, trat prompt ins Zimmer.

»Bringen Sie mir Liste B des Handfeuerwaffeninventars«, sagte der Minister.

Die Ordonnanz kam schnell mit einem bedruckten Blatt zurück. Der Minister studierte es genau.

»Ich sehe da«, sagte er, »daß im Magazin neun des Regierungslagers eine Sendung von zweitausend kompletten Armeegewehren liegt, die vom Sultan von Marokko bestellt waren, der aber vergaß, mit der Bestellung das Bargeld zu schicken. Wir haben die Vorschrift, daß zum Zeitpunkt des Kaufs mit gesetzlichen Zahlungsmitteln bar beglichen werden muß. Mein lieber Kelley, Ihr Freund, General Falcon, soll, wenn er sie haben will, diese Waffensendung zum Herstellungspreis bekommen. Und Sie werden sicher entschuldigen, wenn ich nun unsere Unterredung beenden muß. Ich erwarte jeden Moment den japanischen Minister und Charles Murphy.«

Ein Ergebnis dieser Unterredung war, daß der General seinem geschätzten Freund Mr. Kelley äußerst dankbar war. Ein zweites, daß der flinke Kriegsminister während der nächsten zwei Tage außerordentlich eifrig leere Gewehrkisten kaufte, sie mit Ziegelsteinen füllte und dann in einem speziell für diesen Zweck gemieteten Speicher aufstapelte. Ein weiteres Ergebnis war, daß, als der General ins ›Hotel Español‹ zurückkehrte, Mrs. O'Brien zu ihm trat, ihm einen Faden vom Rockaufschlag zupfte und sprach:

»Sagen Sie, Señor, ich will mich ja nicht einmischen, aber was will denn dieser affengesichtige, katzenäugige, gummihalsige Hintertreppengangster von Ihnen?«

»Sangre de mi vida!« schrie der General. »Unmöglich ist es, daß Sie sprechen von meine guten Freund Señor Kelley.«

»Kommen Sie mit in den Sommergarten«, sagte Mrs. O'Brien. »Ich möchte mit Ihnen reden.«

Nehmen wir an, daß eine Stunde vergangen ist.

»Und Sie sagen«, sprach der General, »daß für die Summe von achtzehntausend Dollar kann man kaufen das Mobilium des Hauses und Pacht für ein Jahr mit diese schöne Garten – so ähnlich den *Patios* von meine *cara Colombia?«*

»Und noch dazu spottbillig«, seufzte die Dame.

»Ah, *Dios*«, hauchte General Falcon. »Was sein für mich Krieg und Politik? Dieser Platz ist Paradies. Mein Land haben andere tapfere Helden, um weiterzukämpfen. Was soll sein für mich Ehre und zu erschießen Menscher? Ah, nein. Hier habe ich gefunden ein Engel. Wir wollen das ›Hotel Español‹ kaufen, und du sollst sein mein, und das Geld soll nicht sein verschwendet für Gewehre.«

Mrs. O'Brien lehnte ihre blonde Frisur an die Schulter des kolumbianischen Patrioten.

»Oh, Señor«, seufzte sie glücklich. »Sie sind mir einer!«

Zwei Tage später war der Termin für die Auslieferung der Waffen an den General. Die Kisten mit den angeblichen Gewehren waren in dem gemieteten Speicher gestapelt, und der Kriegsminister saß auf ihnen und wartete darauf, daß sein Freund Kelley den General holte.

Mr. Kelley eilte zu dieser Stunde ins ›Hotel Español‹. Er fand den General hinter einem Schreibtisch, wie er gerade Zahlen addierte.

»Ich habe beschließen«, sagte der General, »zu kaufen keine Gewehr. Ich habe heute kaufen das Innerei von diesen Hotel, und es wird sein Hochzeit von General Perrico Ximenes Villablanca Falcon mit la Madame O'Brien.«

Mr. Kelley blieb fast die Luft weg.

»Sagen Sie mal, Sie alte glatzköpfige Wichsschachtel«, sprudelte er los, »Sie sind ein Schwindler! Sie haben ein Hotel gekauft mit dem Geld, das Ihrem verfluchten Land gehört, wer weiß, wo es liegt.«

»Ah«, sagte der General und schrieb eine Endsumme hin, »das ist, was man Politik nennt. Krieg und Revolution, sie sind nicht schön. Es ist nicht das beste, daß man immer folgt Minerva. Nein. Es ist ganz von angenehm, Hotels zu haben und mit der Juno zu sein – der Juno von reinstem Wasser. Ah, was für ein Haar von Gold, das sie hat!«

Mr. Kelley verschlug es wieder den Atem.

»Ah, Señor Kelley!« sagte der General schließlich gefühlvoll. »Sie wohl haben nie gegessen von dem Rinderhaschee, das die Madame O'Brien machen?«

Unschuldsengel vom Broadway

»Ich gedenke mich eines Tages vom Geschäft zurückzuziehen«, sagte Jeff Peters, »und wenn es soweit ist, soll mir keiner nachsagen können, ich hätte je einem Menschen auch nur einen Dollar abgeknöpft, ohne ihm dafür ein *quid pro rata* zu geben. Noch stets habe ich es fertiggebracht, dem Kunden irgendeinen Schnickschnack zu hinterlassen, den er sich in seinen Sammelhefter kleben oder hinter die Seth-Thomas-Uhr stecken konnte, nachdem wir handelseinig geworden waren.

Einmal war ich nahe daran, diesem meinen Grundsatz untreu zu werden und eine schändliche, unrühmliche Tat zu begehen, aber die Gesetze und Statuten unseres großen, nützlich eingerichteten Landes haben mich davor bewahrt.

Eines Sommers fuhren wir beide, ich und mein Partner Andy Tucker, nach New York, um uns mit dem Jahresvorrat an Kleidung und Herrenausstattung zu versehen. Wir waren immer prächtig in Schale und sahen nicht auf das Geld, da wir fanden, daß wir in unserm Beruf mit dem piekfeinen Äußeren weiter kamen als mit allem andern, ausgenommen vielleicht mit unserer genauen Kenntnis der Eisenbahnfahrpläne und einem handsignierten Foto des Präsidenten, das uns Loeb – wahrscheinlich irrtümlicherweise – geschickt hatte. Andy hatte mal einen Artikel über Tiere geschrieben und eingeschickt, die, wie er viele Male gesehen hatte, statt mit dem Drilling, mit der Falle erlegt worden waren. Und statt *Drilling* muß Loeb wohl *Drillinge* gelesen haben, und da schickte er das Foto. Jedenfalls diente es uns vortrefflich, um es den Leuten als Garantie unserer Rechtschaffenheit vorzuweisen.

Ich und Andy hatten nie große Lust, in New York Geschäfte zu tätigen. Das roch uns zu sehr nach Aasjägerei. In der Stadt auf Dummenfang gehen, ist wie Barsche in einem Texas-See mit Dynamit fischen. Ganz egal wo zwischen dem North und dem East River, man braucht sich nur mit einem offenen Beutel auf die Straße zu stellen, auf dem geschrieben steht: *Geldbündel hier einwerfen, Schecks und Kleingeld werden nicht genommen.* Man hat einen Polizisten bei der Hand, der den Zollbeamten eins aufs Haupt gibt, wenn sie sich mit Postbestellungen und kanadischem Geld befassen wollen, und das ist alles, was New York einem Jäger zu bieten hat, der sein Waidwerk liebt. Deshalb pflegten wir beide, ich und Andy, nur die Natur der Stadt zu erkunden. Wir holten unsere Fernröhren heraus und beobachteten die Gimpel längs der Broadway-Sümpfe, wie sie sich ihre gebrochenen Beine in Gips packten, und machten uns leise davon, ohne auch nur einen Schuß abzugeben.

Eines Tages machten ich und Andy in dem Pappmachépalmenraum einer etwa acht Zoll vom Broadway entfernt in einer Seitengasse gelegenen Chloralhydrat- und Opiumagentur gezwungenermaßen die Bekanntschaft eines New Yorkers. Wir tranken zusammen unser Bier, bis wir die Entdeckung machten, daß wir alle drei einen Mann namens Hellsmith kannten, der für eine Ofenfabrik in Duluth reiste. Dies gab uns Anlaß zu der Bemerkung, daß die Welt doch sehr klein sei, und dann zerriß unser New Yorker die Banderole, entfernte das Stanniolpapier und die Exzelsiorverpackung und enthüllte uns seine elenden Materien, angefangen bei der Zeit, als er noch dort, wo jetzt die Tammany Hall steht, den Indianern Schnürsenkel verkaufte.

Dieser New Yorker hatte sein Geld mit einem Zigarrenladen in der Beekman Street verdient und war in zehn Jahren nicht über die Fourteenth Street hinausgekommen. Überdies trug er einen Backenbart, und die Zeit war vorbei, da ein echter Sportsmann einem Menschen mit Backenbart etwas antat. Kein Geschäftemacher, es sei denn ein Junge, der für eine Illustrierte Abonnenten warb, um eine Luftbüchse als Preis zu gewinnen, oder eine Witwe hätte den Mut, es mit dem Mann zu versuchen, der mit der Rasur zurückgeblieben ist. Er war ein typischer Stadt-Reub . . ., und ich möchte wetten, der Mann war seit fünfundzwanzig Jahren nicht außer Sicht der Wolkenkratzer gekommen.

Na schön, da zieht doch dieser Hinterwäldler aus der Metropole ein Bündel Banknoten heraus, das mit einem alten blauen Ärmelhalter fest zusammengebunden ist, und zeigt es vor.

›Das sind fünftausend Dollar, Mr. Peters‹, sagt er und schiebt sie mir über den Tisch zu, ›die habe ich mir in fünfzehn Geschäftsjahren zusammengespart. Stecken Sie das Geld in Ihre Tasche, Mr. Peters, und heben Sie es mir auf. Ich bin so froh, euch Herren aus dem Westen getroffen zu haben, und könnte vielleicht einen Tropfen über den Durst genehmigen. Ich möchte, daß Sie auf mein Geld aufpassen. Und jetzt wollen wir noch ein Bier trinken.‹

›Sie sollten es lieber selber aufbewahren‹, sage ich. ›Wir sind für Sie Fremde, und Sie können nicht jedem vertrauen, den Sie treffen. Stecken Sie Ihr Geldbündel wieder in Ihre Tasche‹, sage ich. ›Und dann sollten Sie lieber nach Hause gehn, ehe so ein Klutentreter von den Tiefebenen am Kaw River hier hereinkommt und Ihnen eine Kupfermine verkauft.‹

›Ach, ich weiß nicht‹, sagt Backenbart, ›ich denke mir, das kleine alte New York kann selber auf sich aufpassen. Ich denke mir, wenn ich einen sehe, weiß ich schon, ob er es ehrlich meint. Die Leute aus dem Westen habe ich immer ganz in Ordnung gefunden. Tun Sie mir bitte den Gefallen, Mr. Peters‹, sagt er, ›und heben Sie mir das Geldbündel in Ihrer Tasche auf. Wenn ich einen sehe, weiß ich schon, ob er ein Gentleman ist. Und jetzt wollen wir noch ein Bier trinken.‹

Nach ungefähr zehn Minuten lehnt sich dieser Mannaregen in seinen Stuhl zurück und fängt an zu schnarchen. Andy sieht mich an und sagt: ›Ich glaube, ich bleibe lieber noch fünf Minuten oder so bei ihm, falls der Kellner reinkommt.‹

Ich ging durch die Seitentür hinaus und schlenderte einen halben Block weit die Straße hinauf. Dann kam ich zurück und setzte mich wieder an den Tisch.

›Andy‹, sage ich, ›ich kann nicht. Das riecht mir zu sehr nach Steuerhinterziehung. Ich kann nicht mit dem Geld von diesem Mann fortgehen, ohne es durch irgend etwas verdient zu haben, wie zum Beispiel, daß ich mir das Konkursgesetz zunutze mache oder ihm eine Flasche Ekzemwasser in die Tasche stecke, damit es mehr wie ein ehrlicher Handel aussieht.‹

›Na ja‹, sagt Andy, ›es ist ein bißchen happig für den Berufsstolz, mit der Barschaft eines bärtigen Freundes loszuziehen, zumal er dich in der einfältigen Sorglosigkeit seiner städtischen Vertrauensseligkeit zum Wächter seines Geldbündels bestellt hat. Ich denke, wir wecken ihn und sehen zu, ob wir nicht irgendeine Geschäftspolitik austüfteln können, die es ihm ermöglicht, uns sowohl das Geld wie auch eine gute Entschuldigung zu geben.‹

Wir wecken also Backenbart. Er reckt sich und gähnt die Vermutung heraus, er müsse wohl eine Minute eingenickt sein. Und dann sagt er, er hätte eigentlich nichts gegen ein Gentlemanspielchen Poker. Er habe hin und wieder gespielt, als er die höhere Schule in Brooklyn besuchte, und da das schon eine ganze Weile her sei – na, und so weiter.

Andy verklärt sich bei diesen Worten etwas, denn es sieht so aus, als könnten wir dadurch unsere finanziellen Schwierigkeiten lösen. So gehen wir also alle drei in unser Hotel, weiter unten am Broadway, und lassen uns in Andys Zimmer Karten und Spielmarken bringen. Ich versuchte noch einmal, dies Baby im Botanischen Garten dazu zu bewegen, daß er seine fünftausend nahm. Aber nichts war.

›Heben Sie mir den kleinen Packen auf, Mr. Peters‹, sagt er, ›tun Sie mir den Gefallen. Ich werde Sie darum bitten, wenn ich das Geld brauche. Sie können mir glauben, ich weiß schon, wenn ich unter Freunden bin. Ein Mann, der zwanzig Jahre lang in der Beekman Street, genau im Herzen des weisesten alten Dörfchens auf Erden, sein Geschäft betrieben hat, sollte wohl wissen, woran er ist. Ich denke doch, daß ich einen Gentleman von einem Bauernfänger oder Gauner unterscheiden kann. Ich habe noch etwas Kleingeld eingesteckt – für den Anfang wird das, glaube ich, reichen.‹

Darauf durchsucht er seine Taschen und läßt Zwanzigdollarscheine mit Golddeckung auf den Tisch regnen, bis der wie ein Zehntausenddollargemälde *Herbsttag in einem Zitronenwäldchen* von Turner aussieht, das man in den Salons findet. Andy lächelte beinahe.

Bei der ersten Runde, die ausgeteilt wurde, schlägt dieser Boulevardier mit der Hand auf den Tisch, meldet Lusche, Bube und volles Haus und scharrt den Topf ein.

Andy war immer stolz auf sein Pokern. Er stand vom Tisch auf und blickte traurig durch das Fenster auf die Straßenbahnen.

›Nun, meine Herren‹, sagt der Zigarrenmann, ›ich mache Ihnen keinen Vorwurf daraus, daß Sie nicht spielen wollen. Ich glaube, die Feinheiten des Spiels habe ich vergessen, weil es schon so lange her ist, daß ich mich damit befaßte. Sagen Sie, wie lange werden Sie in der Stadt bleiben?«

Ich antwortete ihm, ungefähr noch eine Woche. Er sagte, das passe ihm wunderbar. Heute abend komme sein Vetter aus Brooklyn rüber, und sie wollten sich die Sehenswürdigkeiten von New York besehen. Sein Vetter, sagte er, handle in künstlichen Gliedern und Bleisärgen und sei seit acht Jahren nicht über die Brücke gekommen. Sie erhofften sich den Höhepunkt ihres Lebens, und dann schloß er mit der Bitte, ich möchte ihm das Geldbündel bis zum nächsten Tag aufheben. Ich versuchte ihn zu überreden, es an sich zu nehmen, aber die bloße Erwähnung kränkte ihn schon.

›Ich nehme, was ich an Kleingeld habe‹, sagt er. ›Und das andere bewahren Sie mir auf. Morgen nachmittag gegen sechs oder sieben werde ich bei Ihnen und Mr. Tucker vorbeikommen‹, sagt er, ›und dann essen wir zusammen Abendbrot. Seien Sie nett.‹

Nachdem Backenbart gegangen war, sah mich Andy neugierig und zweifelnd an.

›Na ja, Jeff‹, sagt er, ›sieht so aus, als ob die Raben uns zwei Eliasse so hartnäckig zu füttern versuchen, daß wir es mit der Ornithologischen Gesellschaft zu tun kriegen, wenn wir sie nochmal abweisen. Man soll die Krone nicht zu oft beiseite schieben. Ich weiß, das ist so was wie Vaterlismus, aber meinst du nicht auch, die günstige Gelegenheit habe sich bei dem dauernden Klopfen an unsere Tür schon die Haut von den Knöcheln geklopft?‹

Ich lege die Füße auf den Tisch und stecke die Hände in die Taschen, eine Haltung, die leichtfertigen Gedanken abhold ist.

›Andy‹, sage ich, ›dieser Mann mit dem Zauselbart hat uns in eine blöde Lage gebracht. Wir können uns mit seinem Geld nicht rühren. Wir beide, du und ich, haben ein *Gentleman's Agreement* mit dem Glück, das wir nicht brechen können. Wir haben unsere Geschäfte im Westen getätigt, wo das Spiel fairer ist. Die Leute, denen wir da das Fell über die Ohren ziehen, versuchen dasselbe bei uns, sogar die Farmer und die Leute, die von Zeitschriften losgeschickt werden, um *Goldfields* anzupreisen. Aber in der Stadt New York gibt es wenig Jagdvergnügen für Angel, Rolle und Büchse. Hier jagen sie bloß mit zwei Dingen – entweder mit einem Totschläger oder mit einem Empfehlungsschreiben. Die Stadt ist so mit Karpfen vollgestopft, daß alle angelbaren Fische ausgewandert sind. Wenn du hier ein Netz auswirfst, dann fängst du normale Doofköppe, die vom

Herrgott für den Fang vorgesehen sind – freche Jungs, die alles wissen; flotte Jungs mit wenig Kleingeld und dem Nerv, anderer Leute Spiel zu machen; Straßenvolk, das sich ein Vergnügen daraus macht, ein paar Dollars loszuwerden, und Dorfklugscheißer, die haargenau wissen, wo die Erbse ist? Nein, mein Herr‹, sage ich. ›Wovon die Geschäftemacher hier leben, sind Witwen und Waisen und Ausländer, die einen Sack voll Geld sparen und ihn an der erstbesten Kasse mit einem Eisengeländer drum rum abgeben, und Fabrikmädchen und kleine Ladenbesitzer, die nie aus dem Block herauskommen, in dem sie zu tun haben. Das sind hier die Dummen. Sie sind nichts weiter als Sardinen in der Dose, und um sie zu fangen, brauchst du als Köder bloß ein Taschenmesser und einen Flaschenöffner.

Und dieser Zigarrenmann‹, fahre ich fort, ›ist genau einer von den Typen. Zwanzig Jahre lebt er in einer Straße, ohne auch nur soviel mitzukriegen, wie du bei einemmal Überrasieren von einem Barbier mit Kinnbackenkrampf in einer Durchgangsstadt in Kansas mitkriegen würdest. Aber er ist ein New Yorker, und damit wird er die ganze Zeit prahlen, wenn er nicht gerade elektrisch geladene Drähte aufhebt oder vor Straßenbahnen gerät oder Telefonabhörer auszahlen muß oder unter einen Geldschrank zu stehen kommt, der in einem Wolkenkratzer hochgehievt wird. Wenn ein New Yorker auftaut‹, sage ich, ›dann ist das wie die Auflösung des Packeises auf dem Allegheny River im Frühling. Wenn du ihm nicht aus dem Wege gehst, überschwemmt er dich mit Eisschollen und Stauwasser.

Es ist doch ein großes Glück für uns, Andy‹, sage ich, ›daß es dieser Zigarrenexponent mit der Petersilienkrause für angemessen hielt, uns mit seinem kindlichen Vertrauen und Altruismus zu schmücken. Denn sein Geld‹, sage ich, ›ist meinem Gefühl für Redlichkeit und Moral ein Dorn im Auge. Wir können es nicht nehmen, daß du es weißt, wir können es nicht‹, sage ich, ›denn wir haben nicht die Spur

Anspruch darauf – nicht die Spur. Wenn auch nur das kleinste bißchen einer Möglichkeit vorhanden wäre, daß wir Anspruch darauf erheben könnten, dann könnte er von mir aus ein weiteres Jahrzwanzigt beginnen und sich weitere fünftausend Dollar sparen, aber wir haben ihm nichts verkauft, wir haben keinen Handel oder sonst was Kommerzielles mit ihm. Er hat sich uns freundschaftlich genähert‹, sage ich, ›und uns mit blinder und schöner Idiotie das Zeug in die Hände gelegt. Wir müssen es ihm zurückgeben, wenn er es will.‹

›Deine Argumente‹, sagt Andy, ›gehen über Kritik und Begriffsvermögen. Nein, wir können uns nicht mit seinem Geld davonmachen – wie die Dinge jetzt liegen. Ich bewundere deine hohe Geschäftsmoral, Jeff‹, sagt Andy, ›und ich würde nichts vorschlagen, was nicht auf einer Linie läge mit deinen Theorien über Sittlichkeit und Initiative.

Aber heute abend und einen großen Teil des morgigen Tages werde ich fort sein, Jeff‹, sagt Andy, ›ich habe da etwas Geschäftliches wahrzunehmen. Wenn dieser Einfaltspinsel morgen nachmittag herkommt, dann halte ihn fest, bis ich da bin. Du weißt, wir sind zum Abendessen verabredet.‹

Na schön, Sir, nächsten Nachmittag gegen fünf trippelt also unser Zigarrenmann herein und kann kaum die Augen offenhalten.

›Habe herrliche Stunden verbracht, Mr. Peters‹, sagt er. ›Alle Sehenswürdigkeiten zu mir genommen. Ich sage Ihnen, New York ist einmalig. Wenn Sie nichts dagegen haben‹, sagt er, ›lege ich mich da auf die Chaiselongue und döse so an die neun Minuten, bis Mr. Tucker kommt. Ich bin es nicht gewohnt, die ganze Nacht aufzusein. Und morgen, Mr. Peters, werde ich die fünftausend an mich nehmen, wenn's Ihnen recht ist. Ich habe gestern abend einen Mann getroffen, der einen sicheren Tip für das morgige Pferderennen hat. Entschuldigen Sie bitte, daß ich so unhöflich bin, mich aufs Ohr zu legen, Mr. Peters.‹

Und so legt sich dieser Bewohner der zweiten Stadt der Welt zur Ruhe und fängt an zu schnarchen, während ich dasitze und über allerhand nachdenke und wünsche, ich wäre wieder im Westen, wo man sich immer darauf verlassen kann, daß ein Bursche sein Geld hartnäckig genug verteidigt, daß dir dein Gewissen erlaubt, es ihm abzuknöpfen.

Um halb sechs kommt Andy herein und sieht die schlafende Gestalt.

›Ich bin in Trenton gewesen‹, sagt Andy und zieht ein Dokument aus der Tasche. ›Ich glaube, die Sache hätte ich in Ordnung gebracht, Jeff. Sieh dir das mal an.‹

Ich entfalte das Papier und sehe, daß es eine vom Staat New Jersey auf die *Peters & Tucker, Vereinigte Gesellschaft für die Entwicklung der Luftregalien, m.b.H.* ausgestellte Urkunde über die Eintragung einer Aktiengesellschaft ist.

›Für die Erlangung des Wegerechts für Luftschifflinien‹, erklärt Andy. ›Das Jersey-Parlament tagte nicht, aber am Postkartenstand in der Halle fand ich einen Mann, der einen Vorrat an Urkunden auf Lager hatte. Es sind hunderttausend Anteile‹, sagt Andy, ›die einen voraussichtlichen Nennwert von einem Dollar erreichen werden. Ein Aktienformular habe ich drucken lassen.‹

Dann holt Andy das Formular heraus und füllt es mit dem Füllhalter aus. ›Der ganze Ramsch‹, sagt er, ›geht für fünftausend an unseren Freund im Traumland. Hast du seinen Namen erfahren?‹

›Schreib auf den Inhaber aus‹, sage ich.

Das Aktienformular schoben wir dem Zigarrenmann in die Hand und gingen hinaus, um unsere Handkoffer zu packen.

Auf dem Fährboot fragt mich Andy: ›Ist dein Gewissen wegen dem genommenen Geld jetzt beruhigt, Jeff?‹

›Warum nicht?‹ antworte ich. ›Sind wir denn was Besseres als irgendeine andere Holdinggesellschaft?‹«

Wie dem Wolf das Fell gegerbt wurde

Jeff Peters wurde immer beredt, wenn es um die Ethik seines Berufs ging.

»Ich und Andy Tucker«, sagte er, »hatten nur dann mal Differenzen in unseren freundschaftlichen Beziehungen, wenn wir uns über die moralische Seite unserer Geschäfte nicht einig waren. Andy hatte seine Grundsätze, und ich hatte meine. Ich billigte keineswegs alle seine Tricks zur Erhebung von Kontributionen von der Öffentlichkeit, und er dachte, daß ich mich zu oft mit meinem Gewissen einmischte, und zwar zum finanziellen Schaden der Firma. Manchmal gerieten wir uns mächtig in die Haare. Einmal gab ein Wort das andere, bis er schließlich behauptete, ich erinnere ihn an Rockefeller.

›Ich weiß schon, wie du das meinst, Andy‹, sage ich, ›aber wir kennen uns schon zu lange, als daß ich dir eine Beleidigung krumm nehmen könnte, die dir sowieso leid tut, sobald du dich abgeregt hast. Bis jetzt habe ich jedenfalls noch nichts mit dem Gericht zu tun gehabt.‹

Einmal im Sommer beschlossen ich und Andy, uns erst mal 'ne Weile in Grassdale, einer hübschen kleinen Stadt in den Bergen von Kentucky, auszuruhen. Man hielt uns für Pferdehändler und für ordentliche, anständige Bürger, die sich einen Sommerurlaub leisten. Wir gefielen den Leuten von Grassdale, und so entschlossen wir uns zu einer zeitweiligen Einstellung der Feindseligkeiten, die so weit ging, daß wir, solange wir dort waren, nicht mal das Vorsatzblatt irgendeines Gummikonzessionspapiers vertrieben oder einen brasilianischen Diamanten auf den Markt warfen.

Eines Tages kommt der größte Eisenwarenhändler von Grassdale zu uns ins Hotel, und wir setzen uns gemütlich auf die Veranda und rauchen. Wir kannten ihn ziemlich gut vom Wurfringspiel, das nachmittags immer im Hof des Gerichtsgebäudes stattfand. Er war ein lärmender, dicker, schwer atmender Mann mit rotem Gesicht, der geachteter war, als er es verdiente.

Nachdem wir uns über alles mögliche unterhalten haben, zieht dieser Murkison – so lautet nämlich sein Name – mit einstudierter Nachlässigkeit einen Brief aus der Rocktasche und gibt ihn uns zu lesen.

›Was sagen Sie nun dazu?‹ sagt er lachend. ›So ein Brief ausgerechnet an mich!‹

Ich und Andy sehen mit einem Blick, worum es sich handelt, aber wir tun so, als ob wir ihn durchlesen.

Es war einer von diesen altbekannten, maschinegeschriebenen Briefen, in denen erklärt wird, wie man für tausend Dollar fünftausend kriegen kann, und zwar in Scheinen, die auch der Fachmann nicht von echten unterscheiden kann; und dann wird behauptet, daß sie von Druckplatten hergestellt worden sind, die ein Angestellter des Schatzamtes in Washington gestohlen hat.

›Stellen Sie sich das vor, so einen Brief schicken die ausgerechnet an mich!‹ sagt Murkison wieder.

›'ne Menge ehrlicher Männer kriegen solche Briefe‹, sagt Andy. ›Wenn Sie auf den ersten nicht reagieren, dann melden die Leute sich nicht wieder. Wenn Sie aber antworten, dann schreiben sie einen zweiten Brief und fordern Sie auf, mit Ihrem Geld irgendwohin zu kommen und das Geschäft zu machen.‹

›Aber daß die ausgerechnet an mich schreiben!‹ sagt Murkison.

Ein paar Tage später kommt er wieder vorbei.

›Jungens‹, sagt er, ›ich weiß, ihr seid in Ordnung, sonst würde ich euch nicht ins Vertrauen ziehen. Ich habe diesen Schuften wiedergeschrieben, nur so zum Spaß. Sie haben geantwortet; ich soll nach Chicago kommen. Wenn ich abfahre, soll ich an J. Smith telegrafieren. In Chicago soll ich an einer Straßenecke warten, bis ein Mann in grauem Anzug vorbeikommt und vor mir eine Zeitung fallen läßt. Den soll ich fragen, wie tief das Wasser des Sees ist, und dann weiß er, daß ich's bin, und ich weiß, daß er's ist.‹

›Ja, ja‹, sag Andy gähnend, ›das alte Spiel. Hab oft in der Zeitung davon gelesen. Dann führt er Sie in den Privatschlachthof im Hotel, wo Mister Jones schon wartet. Sie zeigen Ihnen funkelnagelneues richtiges Geld und verkaufen Ihnen soviel Sie wollen im Verhältnis fünf zu eins. Sie sehen zu, wie sie Ihnen das Geld in eine Tasche packen, und wissen, daß es da drin ist. Natürlich ist es nur braunes Papier, wenn Sie später nachsehen.‹

›Oh, aber nicht mit mir!‹ sagt Murkison. ›Ich hab mir nicht das beste Geschäft hier in Grassdale aufgebaut, ohne selbst ein paar Tricks auf Lager zu haben. Sie sagen, Mister Tucker, es ist richtiges Geld, was sie einem zeigen?‹

›Ich hab immer – das heißt, in den Zeitungen steht's wenigstens so‹, sagt Andy.

›Jungens‹, sagt Murkison, ›ich hab so 'n Gefühl, daß die Kerle mich nicht reinlegen können. Ich denke, ich werde mir ein paar Tausender in die Tasche stecken und da hoch fahren und denen mal Beine machen. Wenn Bill Murkison die Scheine, die sie ihm zeigen, erst mal gesehen hat, dann läßt er sie nicht mehr aus den Augen. Sie bieten fünf Dollar für einen, und dabei werden sie bleiben müssen, wenn sie's mit mir zu tun haben. Das ist so die Art, wie Bill Murkison Geschäfte macht! Jawoll, ich glaube, ich mache mich nach Chicago auf und zapfe diesen J. Smith mal zum Kurs fünf zu eins an. Ich denke, das Wasser wird tief genug sein.‹

Andy und ich versuchen, ihm diese finanzielle Fehlspekulation auszureden, aber wir hätten ebensogut versuchen können, den Mann, der die Hosen mit der Kneifzange zumacht, daran zu hindern, auf Bryans Wahl zum Präsidenten zu wetten. Nein, er wollte partout seine Pflicht gegenüber der Öffentlichkeit erfüllen, indem er diese Geldscheinschwindler bei ihrem eigenen Spiel reinlegte. Vielleicht würden sie sich das eine Lehre sein lassen.

Als Murkison fort war, saßen ich und Andy noch eine Weile da und gaben uns schweigend unseren stillen Betrachtungen und geistigen Ketzereien hin. In unseren Mußestunden pflegten wir unser besseres Ich durch geistige Übungen und Denkarbeit zu veredeln.

›Jeff‹, sagt Andy nach einer ganzen Weile, ›ich hab es ziemlich oft für richtig gehalten, dir eins draufzugeben, wenn wir uns wegen deinen Gewissensbissen über unsere Geschäftsmethoden in den Haaren lagen. Vielleicht hab ich oft unrecht gehabt. Aber ich denke, in diesem Fall können wir einer Meinung sein. Ich fühle, daß es nicht richtig ist, wenn wir Mister Murkison allein zu diesen Geldscheinleuten nach Chicago fahren lassen. Es ist doch klar, wie das endet. Meinst du nicht, daß uns wohler wäre, wenn wir uns da irgendwie einmischten und diese Tat verhinderten?‹

Ich sprang auf und schüttelte Andy Tucker fest und lange die Hand.

›Andy‹, sage ich, ›ich mag ja manchmal den einen oder anderen unfreundlichen Gedanken über die Herzlosigkeit deiner Geschäftsführung gehabt haben, aber jetzt nehme ich alles zurück. Inwendig von deinem Äußeren hast du doch einen guten Kern. Das ehrt dich. Ich hab mir nämlich genau dasselbe gedacht. Es wäre weder ehrenhaft noch lobenswert‹, sage ich, ›wenn wir Murkison seine Absichten ausführen ließen. Falls er unbedingt fahren will, dann fahren wir einfach mit und versalzen ihm den Braten.‹

Andy stimmte zu, und ich war froh, daß es ihm ernst war mit dieser Geldscheinsache.

›Ich bin kein religiöser Mensch‹, sage ich, ›und kein moralischer Fanatiker, aber ich kann nicht einfach dastehen und zugucken, wie ein skrupelloser Gauner, der eine Gefahr für die Öffentlichkeit darstellt, einen Mann ausraubt, der sich mühevoll mit seinem eigenen Köpfchen und Risiko ein Geschäft aufgebaut hat.‹

›Richtig, Jeff‹, sagt Andy. ›Wir gehen dem Murkison nicht von der Pelle, wenn er dies hübsche Geschäftchen tatsächlich auffliegen lassen will. Es ginge mir genauso wie dir gegen den Strich, wenn ich zusehen müßte, wie die Leute ihr Geld verlieren.‹

Also gingen wir zu Murkison.

›Nein, Jungens‹, sagt er, ›ich kann's nicht zulassen, daß diese Chicagoer Sirenenklänge in der Sommerbrise an mir vorbeitreiben. Ich werde dies Irrlicht entweder ausblasen oder in die Pfanne hauen. Aber ich würde mich mächtig freuen, wenn ihr mitführet. Vielleicht könnt ihr ein bißchen helfen, wenn's soweit ist und der Zaster fünf zu eins einkassiert wird. Jawoll, es soll mir wirklich ein Vergnügen und 'ne Freude sein, wenn ihr mitkommt.‹

Murkison läßt in Grassdale verlauten, daß er mit Mister Peters und Mister Tucker ein paar Tage wegfährt, um sich in West Virginia einen Eisenerzbesitz anzusehen. Er telegrafiert an J. Smith, daß er an einem bestimmten Tag seinen Fuß in das Netz der Spinne setzen wird, und dann machen wir uns zu dritt auf nach Chicago.

Unterwegs schwelgt Murkison in der Vorfreude auf die kommenden Ereignisse.

›In einem grauen Anzug‹, sagt er, ›an der Südwestecke von Wabash Avenue und Lake Street. Er läßt eine Zeitung fallen, und ich frage, wie tief der See ist. Du meine Güte!‹ Und dann will er sich fünf Minuten lang totlachen.

Manchmal war Murkison ernst und versuchte sich diese Gedanken – oder was er sonst im Kopf hatte – selbst auszureden.

›Jungens‹, sagt er, ›ich möchte nicht, daß diese Sache in Grassdale bekannt wird, nicht für zehnmal zehntausend Dollar. Ich wäre erledigt. Aber ich weiß, ihr seid in Ordnung. Ich glaube, als Bürger hat man direkt die Pflicht‹, sagt er, ›diesen Räubern, die die Leute ausplündern, das Handwerk zu legen. Ich will denen schon zeigen, daß manche Wasser tief sind. Fünf Dollar für einen, das bietet J. Smith an, und dabei bleibt's, wenn er mit Bill Murkison Geschäfte macht.‹

Wir kamen abends um sieben in Chicago an. Murkison sollte den Grauen um halb zehn treffen. Wir aßen im Hotel Abendbrot und gingen dann in Murkisons Zimmer, um zu warten.

›Also, Jungens‹, sagt Murkison, ›da wollen wir mal unsern Grips zusammennehmen und einen Plan aushecken, wie wir dem Feind zu Leibe rücken. Ich schlage vor, während ich mit dem grauen Halunken fromme Sprüche tausche, kommt ihr Herren vorbei, zufällig, wißt ihr, und schüttelt mir mit allen Anzeichen der Überraschung und Freundschaft die Hand. Dann nehme ich den Grauen zur Seite und sage ihm, daß ihr Jenkins und Brown, Materialwaren und Lebensmittel, aus Grassdale seid, verläßliche Leute, die vielleicht eine günstige Gelegenheit ausnützen möchten, während sie von zu Hause fort sind.

‚Bringen Sie sie mit, wenn sie einsteigen wollen', wird er natürlich sagen. Na, wie findet ihr meinen Plan?‹

›Was sagst du dazu, Jeff?‹ sagt Andy und sieht mich an.

›Das will ich dir sagen‹, antworte ich. ›Laß uns die Sache jetzt gleich hier erledigen. Ich sehe nicht ein, warum wir noch mehr Zeit vergeuden sollen.‹ Ich ziehe einen vernickelten Achtunddreißiger aus der Tasche und lasse die Trommel ein paarmal herumschnappen.

›Sie gemeiner, verworfener, hinterhältiger Kerl‹, sage ich zu Murkinson, ›raus mit den zweitausend und auf den Tisch damit. Aber ein bißchen dalli, sonst knallt's. Ich bin im allgemeinen ein sanftmütiger Mensch, aber hin und wieder werde ich bis zum Äußersten getrieben. Solche Männer wie Sie‹, fuhr ich fort, als er das Geld auf den Tisch gelegt hatte, ›halten die Gefängnisse und Gerichte im Gange. Sie kommen hierher, um diesen Männern ihr Geld abzunehmen. Ist es etwa eine Entschuldigung‹, frage ich, ›daß Sie auch reingelegt werden sollten? Kein Spur! Sie wollten kleine Leute ausplündern und selbst den großen Mann markieren. Sie sind zehnmal schlimmer‹, sage ich, ›als dieser Geldscheinmann. Zu Hause, da gehen Sie in die Kirche und spielen den anständigen Bürger, aber dann kommen Sie nach Chicago und beklauen Männer, die sich ein solides und einträgliches Gewerbe aufgebaut haben, indem sie mit solchen zweifelhaften Halunken, wie Sie heute einer sein wollten, Geschäfte machen. Sie wissen ja gar nicht‹, sage ich, ›ob dieser Geldscheinmann nicht eine große Familie hat, die auf seine Geschäfte angewiesen ist. Es sind gerade solche ehrenwerte Bürger wie Sie, die immer auf der Lauer liegen, um etwas zu ergattern‹, sage ich, ›und die in unserm Land die Glücksspiele und die Schwindelunternehmen und die Börsen und die Schnüffler begünstigen. Ohne solche wie Sie wären die längst bankrott. Der Geldscheinmann, den Sie ausplündern wollten‹, sage ich, ›hat vielleicht Jahre gebraucht, um sein Handwerk zu lernen. Wenn er sich nur rührt, riskiert er schon Geld, Freiheit und vielleicht sogar das Leben. Sie kreuzen hier auf, scheinheilig und respektabel und mit einer gefälligen Postanschrift ausgerüstet, um ihn reinzulegen. Kriegt er das Geld, dann können Sie ihn bei der Polizei verpfeifen. Kriegen Sie's, dann versetzt er seinen grauen Anzug, um sich was zu futtern zu kaufen, und sagt gar nichts. Mister Tucker und ich haben Sie erkannt‹, sage ich, ›und wir sind mitgekommen, damit Sie kriegen, was Sie verdienen. Her mit dem Geld‹, sage ich, ›Sie grasfressender Heuchler.‹

Ich steckte die zweitausend, alles in Zwanzigdollarscheinen, in die Innentasche meines Rockes.

›Und jetzt holen Sie Ihre Uhr raus‹, sage ich zu Murkison. ›Nein, ich will sie nicht haben‹, sage ich. ›Legen Sie sie auf den Tisch, und dann bleiben Sie eine Stunde lang auf dem Stuhl da sitzen. Dann können Sie gehen. Schlagen Sie Lärm oder hauen Sie eher ab, dann werden wir Sie in Grassdale unmöglich machen. Ich denke, Ihr Ansehen dort ist Ihnen mehr als zweitausend Dollar wert.‹

Dann machten ich und Andy uns davon.

Im Zug war Andy lange Zeit still. Dann sagt er: ›Jeff, hast du was dagegen, wenn ich dir 'ne Frage stelle?‹

›Von mir aus zwei‹, sage ich, ›oder vierzig.‹

›Hattest du das von Anfang an vor‹, sagt er, ›als wir mit Murkison losfuhren?‹

›Na, klar‹, sage ich, ›was denn sonst? Du etwa nicht?‹

Nach ungefähr einer halben Stunde fing Andy wieder an. Ich glaube, manchmal versteht Andy mein System der Ethik und Moralhygiene nicht ganz.

›Jeff‹, sagt er, ›mach doch mal 'ne Zeichnung mit Anmerkungen von deinem Gewissen, wenn du mal Zeit hast. Ich möchte mich gelegentlich darauf beziehen.‹«

Die exakte Wissenschaft von der Ehe

»Wie ich Ihnen schon erzählt habe«, sagte Jeff Peters, »hatte ich nie viel Zutrauen zu der Falschheit der Frauen. Als Partner oder Schülerinnen sind sie nicht mal beim unschuldigsten Schwindel vertrauenswürdig.«

»Das Kompliment verdienen sie«, sagte ich. »Ich glaube, sie können den Anspruch erheben, das ehrliche Geschlecht genannt zu werden.«

»Und warum auch nicht?« sagte Jeff. »Sie lassen ja das andere Geschlecht für sich die krummen Sachen oder die Überstunden machen. Im Geschäft sind sie in Ordnung, bis sie sich mal ihre Gefühle oder ihr Haar zu sehr ondulieren lassen. Dann muß man irgendeinen plattfüßigen, kurzatmigen Mann mit strohblondem Backenbart, fünf Kindern und einer Gebäude- und Darlehenshypothek in Bereitschaft haben, der ihren Platz als Ersatzmann einnimmt. Da war doch mal eine Witwe, die ich und Andy Tucker engagiert hatten. Sie sollte uns bei unserm kleinen Ehevermittlungsschwindel helfen, den wir in Cairo von Stapel ließen.

Hat man genug Kapital für Inserate – sagen wir mal eine Rolle Scheine so dick wie das schmale Ende einer Wagendeichsel –, dann steckt Geld in Ehevermittlungen. Wir hatten etwa sechstausend Dollar und hofften, sie innerhalb von zwei Monaten zu verdoppeln. Das ist so ungefähr die Zeit, in der man solch ein Geschäft abwickeln kann, ohne daß man sich dafür in New Jersey einen offiziellen Freibrief besorgt.

Wir verfaßten ein Inserat, das ungefähr so lautete:

›Reizende Witwe, hübsch, häuslich, zweiunddreißig Jahre, mit zweitausend Dollar in bar und wertvollem Landbesitz, wünscht sich wieder zu verheiraten. Sie würde armen

Mann mit herzlicher Zuneigung zu einer Bemittelten bevorzugen, da sie erkannt hat, daß echte Tugenden am häufigsten in bescheidenen Lebensumständen zu finden sind. Auch älterer Herr oder Herr mit schlichtem Äußeren angenehm, wenn er zuverlässig, treu und in der Lage ist, ein Vermögen zu verwalten und Geld mit Sachkenntnis zu investieren.

In Einsamkeit
z. Hd. v. Peters & Tucker,
Ehevermittlung, Cairo Ill.

›So weit, so schlau‹, sage ich, als wir das Elaborat fertig haben. ›Und nun‹, sage ich, ›wo ist die Dame?‹

Andy betrachtet mich mit stillem Ärger.

›Jeff‹, sagt er, ›ich dachte, du hättest solche Vorstellungen von Realismus in deiner Kunst verloren. Wozu brauchen wir eine Dame? Wenn sie in der Wall Street Grundstücke verkaufen, die in Wirklichkeit unter Wasser stehen, erwartest du dann, daß sich eine Seejungfrau darin findet? Was hat eine Heiratsannonce mit einer Dame zu tun?‹

›Jetzt hör mal zu‹, sage ich. ›Du kennst doch meinen Grundsatz, Andy, daß bei allen meinen illegalen Attacken gegen den Buchstaben des Gesetzes der verkaufte Artikel immer vorhanden, sichtbar und vorzeigbar sein muß. Auf diese Weise und durch sorgfältiges Studium der städtischen Verordnungen und der Fahrpläne habe ich mich immer aus solchen Schwierigkeiten mit der Polizei herausgehalten, die nicht durch einen Fünfdollarschein und eine Zigarre zu erledigen waren. Wenn wir das Ding hier drehen wollen, dann müssen wir unbedingt in der Lage sein, eine reizende Witwe leiblich vorzuzeigen, oder etwas Ähnliches mit oder ohne Schönheit, Liegenschaften und Zubehör, wie dargetan in Katalog und Revisionsbefehl oder später zu entscheiden von einem Friedensrichter.‹

›Na gut‹, sagt Andy, sich anders besinnend, ›vielleicht ist

das wirklich sicherer, falls die Post oder die Kriminalpolizei versuchen sollten, unsere Vermittlung unter die Lupe zu nehmen. Aber wo‹, sagt er, ›willst du eine Witwe finden, die ihre Zeit mit einem Eheanbahnungsschwindel verplempert, ohne daß dabei eine Ehe herausspringt?‹

Ich sagte Andy, daß ich eine wüßte, die genau richtig für uns wäre. Ein alter Freund von mir, Zeke Trotter, der in einer Jahrmarktsbude Flaschenkorken und Zähne zog, hatte vor einem Jahr seine Frau zur Witwe gemacht, indem er eine Verdauungsmedizin des alten Doktors trank, statt des Einreibemittels, mit dem er sich sonst immer vollaufen ließ. Ich hatte sie früher oft besucht und glaubte, wir könnten sie überreden, für uns zu arbeiten.

Es waren nur sechzig Meilen bis zu der kleinen Stadt, in der sie wohnte. So fuhr ich also schnell mal raus und fand sie noch im selben Häuschen mit denselben Sonnenblumen und den Haushähnen auf dem Waschfaß. Mrs. Trotter paßte glänzend zu unserer Annonce, mit Ausnahme vielleicht von Schönheit, Alter und Eigentumswerten. Aber sie sah passend und auf den ersten Blick angenehm aus, und es war eine gute Tat in Zekes Gedenken, ihr den Job zu geben.

›Ist das auch keine krumme Sache, die Sie da vorhaben, Mister Peters?‹ fragt sie mich, als ich ihr erzähle, was wir von ihr wollen.

›Aber, Mrs. Trotter‹, sage ich, ›Andy Tucker und ich haben berechnet, daß in diesem großen und schönen Land durch unser Inserat etwa dreitausend Männer versuchen werden, Ihre schöne Hand und vermeintliches Geld und Vermögen zu gewinnen. Davon gedenken so etwa dreißighundert, Ihnen als Gegenwert, falls sie bei Ihnen Erfolg haben sollten, den Kadaver eines faulen und habgierigen Bummlers, einer verkrachten Existenz, eines Schwindlers und zweifelhaften Glücksritters zu geben.

Ich und Andy‹, sage ich, ›haben vor, diesen Schmarotzern der Gesellschaft mal die Leviten zu lesen. Nur mit

Mühe haben ich und Andy uns zurückgehalten, einen Konzern mit dem Namen ‚Große moralische, milleniale, mißgünstige Ehevermittlung' zu gründen. Genügt Ihnen das?

›Das tut es, Mister Peters‹, sagt sie, ›ich hätte gleich wissen sollen, daß Sie sich auf nichts einlassen, was unpassend ist. Aber was habe ich zu tun? Muß ich diesen dreitausend Schurken, von denen Sie sprechen, einzeln einen Korb geben, oder kann ich sie gleich dutzendweise rauswerfen?‹

›Ihr Job, Mrs. Trotter‹, sage ich, ›besteht praktisch nur darin, ein Anziehungspunkt zu sein. Sie werden in einem ruhigen Hotel wohnen und gar nichts zu tun haben. Andy und ich werden die ganze Post und die geschäftlichen Sachen erledigen.

Natürlich‹, sage ich, ›ist es möglich, daß einige besonders feurige und ungestüme Freier, die das Fahrgeld aufbringen können, nach Cairo kommen, um persönlich Dampf hinter ihre Werbung zu machen. In dem Falle werden Sie wahrscheinlich die lästige Aufgabe haben, sie eigenhändig vor die Tür zu setzen.Wir zahlen Ihnen fünfundzwanzig Dollar die Woche und die Hotelkosten.‹

›Geben Sie mir fünf Minuten‹, sagt Mrs. Trotter, ›ich hole nur meine Puderdose und lasse den Haustürschlüssel bei einer Nachbarin, dann können Sie mein Gehalt ab heute rechnen.‹

Ich verfrachte also Mrs. Trotter nach Cairo und bringe sie in einem Familienhotel unter, das leicht erreichbar, aber doch weit genug von meinem und Andys Quartier entfernt ist, um keinen Argwohn zu erregen; und dann berichte ich Andy.

›Großartig‹, sagt Andy. ›Und jetzt, wo dein Gewissen in bezug auf Greifbarkeit und Nähe des Köders beruhigt ist, mal das Kalbfleisch beiseite; wie wär's, wenn wir uns mit den Fischen befaßten?‹

So begannen wir, unser Inserat in Zeitungen aufzugeben,

die im ganzen Lande erschienen. Wir benutzten nur dies eine Inserat. Wir hätten auch gar nicht mehr brauchen können, wenn wir nicht so viele Schreiber und dämliches Drum und Dran einstellen wollten, daß das Geräusch des Kaugummikauens den Postminister belästigt hätte.

Wir ließen Mrs. Trotter in einer Bank zweitausend Dollar gutschreiben und gaben ihr das Buch, damit sie es vorzeigen konnte, falls jemand die Ehrlichkeit und lauteren Absichten unserer Vermittlung in Frage stellen sollte. Ich wußte, Mrs. Trotter war ehrlich und verläßlich, und wir gingen sicher, wenn wir das Geld auf ihren Namen schreiben ließen.

Durch dies einzige Inserat hatten Andy und ich jeden Tag zwölf Stunden zu tun, Briefe zu beantworten.

Ungefähr hundert kamen täglich an. Ich hätte nie gedacht, daß es in dieser Gegend so viele hochherzige, wenn auch bedürftige Männer gab, die bereit waren, eine reizende Witwe zu ehelichen und die Last auf sich zu nehmen, ihr Geld zu investieren.

Die meisten gaben zu, daß sie nicht mehr aufzuweisen hätten als Backenbärte und verlorene Jobs und daß sie von der Welt mißverstanden würden; alle aber behaupteten sie, so randvoll von Zuneigung und männlichen Qualitäten zu sein, daß die Witwe mit ihnen die Wahl ihres Lebens träfe.

Jeder Bewerber bekam von Peters & Tucker ein Antwortschreiben, in dem ihm mitgeteilt wurde, die Witwe sei tief beeindruckt von seinem ehrlichen und interessanten Brief und bitte um einen weiteren, ausführlicheren Brief, möglichst mit Foto. Ferner unterrichteten Peters & Tucker den Bewerber, daß die Gebühr für die Weitergabe des zweiten Briefes an ihre schöne Klientin zwei Dollar betrage, die als Anlage beizufügen seien.

Da haben Sie nun die einfache Schönheit unseres Planes. Etwa neunzig Prozent dieser einheimischen fremden Ritter trieben irgendwie das Geld auf und schickten es. Ja, und das war eigentlich alles. Außer daß ich und Andy mächtig klagten über die Mühe, die Briefumschläge aufzuschlitzen und das Geld herauszunehmen.

Einige wenige Klienten kamen persönlich. Wir schickten sie zu Mrs. Trotter, und die besorgte den Rest, abgesehen von dreien oder vieren, die zurückkamen und uns um das Fahrgeld anpumpten.

Als die Briefe aus den entfernteren Bezirken eintrudelten, nahmen Andy und ich etwa zweihundert Dollar pro Tag ein.

Eines Nachmittags, wir hatten gerade schwer zu tun – ich stopfte die Ein- und Zweidollarscheine in Zigarrenkisten, und Andy pfiff ›Keine Hochzeitsglocken für sie‹ –, da kommt ein kleiner, eleganter Mann herein und beguckt sich die Wände, als ob er hinter ein paar verschwundenen Gainsborough-Bildern her wäre. Sobald ich ihn ansah, fühlte ich Stolz in mir, weil wir unser Geschäft ohne Risiko betrieben.

›Ich sehe, Sie haben heute viel Post‹, sagt der Mann.

Ich griff nach meinem Hut.

›Kommen Sie‹, sage ich. ›Wir haben Sie erwartet. Ich zeige Ihnen, was Sie sehen wollen. Wie ging's Teddy, als Sie in Washington abfuhren?‹

Ich führte ihn ins Hotel ›Flußblick‹ und ließ ihn Mrs. Trotter die Hand schütteln. Dann zeigte ich ihm ihr Sparbuch mit den zweitausend Dollar.

›Scheint in Ordnung zu sein‹, sagt der Geheimkriminale.

›Ganz recht‹, sage ich. ›Und wenn Sie nicht verheiratet sind, dann können Sie sich gern mal ein Weilchen mit der Dame unterhalten. Die zwei Dollar wollen wir dabei nicht erwähnen.‹

›Danke‹, sagt er. ›Wenn ich nicht verheiratet wäre, vielleicht. Guten Tag, Mister Peters.‹

Nach etwa drei Monaten hatten wir einiges über fünftausend Dollar eingenommen, und wir sahen ein, daß es Zeit war, abzuhauen. Eine Menge Leute hatten sich bei uns beschwert, und Mrs. Trotter schien auch keine Lust mehr zu haben. Viele Bewerber hatten sie persönlich sprechen wollen, und das schien ihr gar nicht zu gefallen.

Also beschließen wir, uns davonzumachen, und ich gehe zu Mrs. Trotter ins Hotel, um ihr den letzten Wochenlohn auszuzahlen, auf Wiedersehen zu sagen und den Scheck über die zweitausend Dollar zu holen.

Als ich hinkomme, finde ich sie in Tränen aufgelöst wie ein Kind, das nicht zur Schule gehen will.

›Aber, aber‹, sage ich, ›hat Sie jemand beleidigt, oder haben Sie Heimweh?‹

›Nein, Mister Peters‹, sagt sie. ›Ich will's Ihnen erzählen. Sie sind immer ein Freund von Zeke gewesen, und es ist ja auch egal. Mister Peters, ich habe mich verliebt. Ich liebe einen Mann so sehr, daß ich es einfach nicht ertragen könnte, wenn ich ihn nicht kriegte. Er ist genau das Ideal, das mir schon immer vorgeschwebt hat.‹

›Dann nehmen Sie ihn‹, sage ich, ›das heißt, wenn es auf Gegenseitigkeit beruht. Erwidert er Ihr Gefühl genauso tiefgründig und schmerzlich, wie Sie es beschrieben haben?‹

›Freilich‹, sagt sie. ›Aber er ist einer von den Herren, die mich wegen dem Inserat besucht haben, und er will mich nicht heiraten, wenn ich ihm nicht die zweitausend Dollar gebe. Er heißt William Wilkinson.‹ Und wieder verfällt sie in Gefühlsausbrüche und hysterische Zustände, wie das bei Verliebten so ist.

›Mrs. Trotter‹, sage ich, ›es gibt keinen Menschen, der mehr Verständnis für die Gefühle einer Frau hat, als mich. Außerdem waren Sie einst der Lebenspartner von einem meiner besten Freunde. Wenn es auf mich allein ankäme, dann würde ich sagen, nehmen Sie die zweitausend Dollar und den Mann Ihrer Wahl, und werden Sie glücklich. Wir könnten uns das leisten, weil wir diesen Schmarotzern, die Sie heiraten wollten, über fünftausend Dollar abgeknöpft haben. Aber‹, sage ich, ›ich muß erst Andy Tucker fragen. Er ist ein guter Mensch, aber sehr geschäftstüchtig. Finanziell ist er mein gleichberechtigter Partner. Ich will mit Andy sprechen‹, sage ich, ›und sehen, was sich machen läßt.‹

Ich gehe ins Hotel zurück und erkläre Andy den Fall.

›Auf so was war ich schon die ganze Zeit gefaßt‹, sagt Andy. ›Du kannst eben von einer Frau nicht erwarten, daß sie bei einem Ding mit dir durch dick und dünn geht, wenn ihre Gefühle und Wünsche mit im Spiel sind.‹

›Es ist traurig, Andy‹, sage ich, ›wenn ich bedenke, daß wir die Schuld haben, wenn einer Frau das Herz bricht.‹

›Du hast recht‹, sagt Andy, ›deshalb will ich dir sagen, was ich tun will, Jeff. Du bist immer schon ein gutmütiger und großzügiger Mensch gewesen. Vielleicht war ich zu rauhbeinig und nüchtern und mißtrauisch. Diesmal will ich dir entgegenkommen. Geh hin zu Mrs. Trotter und sage ihr, sie soll die zweitausend Dollar bei der Bank abheben und sie diesem Mann geben, in den sie vernarrt ist, und glücklich werden.‹

Ich mache einen Luftsprung und schüttele Andy fünf Minuten lang die Hand.

Dann gehe ich zurück zu Mrs. Trotter und sage Bescheid, und sie heult nun vor Freude so sehr wie vorher vor Kummer.

Zwei Tage später packen Andy und ich zusammen, um zu verduften.

›Möchtest du nicht wenigstens einmal zu Mrs. Trotter gehen und sie begrüßen, bevor wir abfahren?‹ frage ich ihn. ›Sie würde sich mächtig freuen, dich kennenzulernen und dir ihre Hochachtung und ihren Dank auszusprechen.‹

›Lieber nicht‹, sagt Andy. ›Ich denke, es ist besser, wir beeilen uns, damit wir den Zug noch erwischen.‹

Ich schnalle gerade unser Geld in einem Andenkengürtel um, in dem wir es immer trugen, als Andy einen dicken

Packen großer Scheine aus der Tasche zieht und mich auffordert, sie zu den andern zu stecken.

›Was ist denn das?‹ sage ich.

›Das sind die zweitausend von Mrs. Trotter‹, sagt Andy.

›Wieso hast du sie?‹ frage ich.

›Sie hat sie mir gegeben‹, sagt Andy. ›Über einen Monat lang habe ich sie an drei Abenden in der Woche besucht.‹

›Dann bist du William Wilkinson?‹ sage ich.

›War ich‹, sagt Andy.«

Betrogene Betrüger

Montague Silver, der feinste Gauner und Kunstschwindler des Westens, sagte einst in Little Rock zu mir: »Wenn du mal schwachsinnig wirst, Billy, und zu alt, um ehrlichen Schwindel unter erwachsenen Menschen zu betreiben, dann gehe nach New York. Im Westen kommt jede Minute ein Dummer auf die Welt, aber in New York treten sie wie die Heuschrecken auf – sie sind nicht zu zählen.«

Zwei Jahre später merkte ich, daß ich mir die Namen der russischen Admirale nicht mehr merken konnte, und über meinem linken Ohr stellte ich einige graue Haare fest; also wußte ich, daß die Zeit gekommen war, Silvers Rat zu befolgen.

Ich kam eines Tages gegen Mittag in New York an und spazierte den Broadway hinauf. Da treffe ich doch Silver in Person, eingehüllt in eine großspurige Art von Herrenmode; an ein Hotel gelehnt, reibt er sich die Fingernägelmonde mit einem seidenen Taschentuch.

»Gelähmt oder im Ruhestand?« fragte ich ihn.

»Hallo, Billy«, sagt Silver; »freut mich, dich zu sehen. Ja, mir schien der Westen ein bißchen zuviel Gescheitheit anzusammeln. Ich habe mir New York als Nachtisch aufgehoben. Ich weiß, daß es eine Gemeinheit ist, den Leuten hier etwas abzunehmen. Sie wissen ja kaum etwas, rennen hin und her und denken nur ab und zu einmal. Es wäre mir peinlich, wenn meine Mutter wüßte, daß ich diesen Schwachköpfen das Fell über die Ohren ziehe. Sie hat mich für Besseres aufgezogen.«

»Gibt es schon Andrang im Wartezimmer des alten Arztes, der die Haut abzieht?« frage ich.

»Hm, nein«, sagt Silver; »du brauchst heute nicht auf

Epidermis zu setzen. Ich bin erst einen Monat hier. Aber von mir aus kann's losgehen; und die Sonntagsschüler von Manhattan, die alle freiwillig ein Stück Haut zu dieser Rehabilitierung beitragen wollen, können ruhig ihre Fotos schon an die Abendzeitung schicken. Ich habe die Stadt studiert«, sagt Silver, »und jeden Tag die Zeitungen gelesen, und ich kenne sie so gut wie die Katze im Rathaus den Oberbürgermeister. Die Leute hier werfen sich auf den Boden, schreien und strampeln, wenn man ihnen nicht auf der Stelle das Geld abnimmt. Komm mit rauf in mein Zimmer, ich will dir's erzählen. Wir werden die Stadt gemeinsam abgrasen, aus alter Freundschaft.«

Silver nimmt mich also mit ins Hotel. Er hat eine Menge belanglose Sachen da rumliegen.

»Es gibt mehr Methoden, diesen Großstadtbauern das Geld abzuknöpfen, als Reiskochrezepte in Charleston, Süd-Carolina. Sie beißen auf alles an. Die Gehirne der meisten von ihnen sind austauschbar. Je intelligenter sie sind, desto weniger Ahnung haben sie von Tuten und Blasen. Mensch, da hat doch neulich einer dem J. P. Morgan ein Ölporträt vom jüngeren Rockefeller als Andrea del Sartos' berühmtes Gemälde des jungen heiligen Johannes verkauft!

Siehst du den Haufen Papiere in der Ecke, Billy? Das sind Goldbergwerksaktien. Eines Tages bin ich mal losgegangen, das Zeugs zu verkaufen, aber zwei Stunden später habe ich es aufgegeben. Warum? Wurde verhaftet wegen Verkehrsbehinderung. Die Leute haben sich darum geschlagen. Auf dem Wege zur Polizeiwache habe ich noch dem Polizisten einen Stoß verkauft, dann habe ich sie aus dem Verkauf gezogen. Ich will nicht, daß die Leute mir ihr Geld schenken. Irgendeine kleine Gegenleistung muß bei der Transaktion dabeisein, damit mein Stolz nicht verletzt wird. Ich will, daß sie wenigstens den fehlenden Buchstaben in Chic-go raten oder eine Karte ziehen, ehe sie mir Geld geben.

Dann gibt es noch eine nette Methode, die ist so leicht, daß ich sie aufgeben mußte. Siehst du die Flasche mit blauer Tinte auf dem Tisch? Ich habe mir einen Anker auf den Handrücken tätowiert, bin zu einer Bank gegangen und habe ihnen gesagt, ich sei der Neffe von Admiral Dewey. Sie erboten sich, meinen Wechsel auf ihn für tausend Dollar einzulösen, aber ich wußte den Vornamen meines Onkels nicht. Du siehst aber, was für eine leichtgläubige Stadt es ist. Was die Einbrecher anbetrifft, die gehen jetzt gar nicht erst in ein Haus, wenn kein warmes Essen bereitsteht und ein paar Oberschüler zur Bedienung da sind.«

»Monty«, sage ich, als Silver Atem holte, »mag ja sein, daß du Manhattan in deinem Referat richtig eingeschätzt hast, aber ich bezweifle es. Ich bin erst seit zwei Stunden in der Stadt, aber mir ist noch nicht aufgegangen, daß sie uns mit Kußhand serviert wird. Für meinen Geschmack hat sie zu wenig Ländliches. Mir wäre es viel lieber, wenn die Bürger ein paar Strohhalme im Haar hätten und mehr Wert auf Samtwesten und Kastanien an der Uhrkette legten. Mir kommen sie nicht leichtgläubig vor.«

»Dich hat's erwischt, Billy«, sagt Silver. »Alle Emigranten erwischt es. New York ist größer als Little Rock oder Europa, und es jagt dem Fremden Angst ein. Aber das gibt sich. Ich sage dir, ich könnte die Leute hier ohrfeigen, weil sie mir nicht ihr ganzes Geld gleich in Waschkörben und mit Desinfektionsmitteln eingespritzt herschicken. Ich gehe so ungern auf die Straße, um es zu holen. Wer trägt in dieser Stadt Diamanten? Na? Winnie, die Frau des Schwindlers, und Bella, die Braut des Betrügers. Die New Yorker sind leichter auszunehmen als Vogelnester. Das einzige, was mir Sorge macht, ist, daß ich mir die Zigarren in der Westentasche zerdrücke, wenn ich alles voll Geld habe.«

»Ich hoffe, du hast recht, Monty«, sage ich, »aber ich wollte trotzdem, ich hätte mich mit einem kleinen Geschäft in Little Rock begnügt. Die Bauern sind da draußen nie so knapp, daß man nicht doch ein paar von ihnen überreden kann, ihre Unterschrift unter eine Petition für ein neues Postamt zu setzen, was man dann in der Kreissparkasse für zweihundert Dollar diskontieren kann. Die Leute hier scheinen einen Selbsterhaltungs- und Knauserigkeitstrieb zu haben. Ich fürchte, wir sind nicht kultiviert genug, um auf diese Tour reisen zu können.«

»Nur keine Angst«, sagt Silver, »ich habe dieses Kleinkleckersdorf richtig durchschaut, so wahr der North River, der Hudson und der East River überhaupt kein *River* ist. Mann, da wohnen Leute hier in den Blocks am Broadway, die in ihrem Leben noch kein anderes Gebäude als einen Wolkenkratzer gesehen haben! Ein guter, lebendiger, betriebsamer Westler müßte hier binnen drei Monaten so auffallen, daß er sich entweder die Gnade der Heilsarmee oder das Mißfallen der Polizei zuzieht.«

»Ohne Übertreibung«, sage ich, »kennst du ein Sofortprogramm, wie man die Allgemeinheit um ein paar Dollar erleichtern kann, ohne bei der Heilsarmee anzuklopfen oder vor der Haustür einer philantropischen Dame einen Anfall zu bekommen?«

»Dutzende«, sagte Silver. »Wieviel Kapital hast du, Billy?«

»Tausend«, sage ich.

»Ich habe tausendzweihundert Dollar«, sagt er. »Wir wollen zusammenlegen und ein großes Geschäft machen. Es gibt so viele Möglichkeiten, eine Million zu verdienen, daß ich gar nicht weiß, wo ich anfangen soll.«

Am nächsten Morgen holt mich Silver im Hotel ab; er spricht ganz klangvoll und still-freudig erregt.

»Heute nachmittag treffen wir J. P. Morgan«, sagt er. »Ein Bekannter im Hotel will uns vorstellen. Er ist ein Freund von ihm. Er sagt, er trifft gern Leute aus dem Westen.«

»Das hört sich schön und einleuchtend an«, sage ich, »freue mich, Mister Morgan kennenzulernen.«

»Es wird uns nichts schaden«, sagt Silver, »mit ein paar Finanzkönigen bekannt zu werden. Mir gefällt die gesellige Art, wie man in New York mit Fremden umgeht.«

Silvers Bekannter hieß Klein. Um drei brachte Klein seinen Freund aus der Wallstreet zu Besuch auf Silvers Zimmer. ›Mr. Morgan‹ sah einigermaßen so aus wie auf seinen Bildern, er hatte ein Frottiertuch um seinen linken Fuß gewickelt und ging am Stock.

»Mister Silver und Mister Pescud«, sagt Klein. »Es ist wohl überflüssig, den Namen des großen Finanz – –«

»Hör auf damit, Klein«, sagt Mr. Morgan. »Freut mich, die Herren kennenzulernen; ich interessiere mich sehr für den Westen. Klein sagte mir, Sie sind aus Little Rock. Ich glaube, ich habe da in der Gegend ein paar Eisenbahnen. Wenn einer von euch beiden ein paar Runden Poker mitspielen möchte – –«

»Na, na, Pierpont«, unterbricht Klein, »du vergißt dich!«

»Entschuldigung, die Herren«, sagt Morgan, »seitdem ich die Gicht so schlimm habe, mache ich zu Hause manchmal ein geselliges Spielchen. Den einäugigen Peters hat wohl keiner von Ihnen gekannt, als Sie in Little Rock waren? Er wohnte in Seattle, in Neu-Mexiko.«

Ehe wir antworten konnten, trommelt Mr. Morgan mit seinem Stock auf dem Boden herum und beginnt laut fluchend auf und ab zu gehen.

»Deine Aktien sind wohl heute auf der Börse gefallen, Pierpont?« fragt Klein lächelnd.

»Aktien? Nein!« brüllt Mr. Morgan. »Es ist das Gemälde, wegen dem ich einen Agenten nach Europa geschickt habe. Es fiel mir gerade ein. Er hat heute telegrafiert, daß er es in ganz Italien nicht finden kann. Ich würde auf der Stelle fünfzigtausend Dollar für das Bild bezahlen – ach was, fünfundsiebzig! Ich habe dem Agenten für den Kauf *à la carte* gegeben. Ich verstehe einfach nicht, wie die Kunstgalerien zulassen können, daß ein de Vinchy –«

»Wie, Mister Morgan«, sagt Klein, »ich dachte, Sie besäßen alle Gemälde von de Vinchy.«

»Was ist das für ein Gemälde, Mister Morgan?« fragt Silver. »Das muß ja so groß sein wie eine Hauswand.«

»Ich fürchte, Ihre Kunsterziehung ist auf dem Hund, Mister Silver«, sagt Morgan. »Das Gemälde ist siebenundzwanzig mal zweiundvierzig Zoll; und es heißt ›Mußestunde der Liebe‹ und stellt eine Reihe von Mannequins dar, die am Ufer eines purpurnen Flusses Foxtrott tanzen. Das Telegramm besagte, es könnte vielleicht nach den USA herübergebracht worden sein. Also dann, auf Wiedersehen, meine Herren; wir Finanzmänner müssen früh ins Bett.«

Mr. Morgan und Klein fuhren zusammen in einem Taxi weg. Ich und Silver sprachen noch davon, wie einfach und zutraulich doch große Männer sind; und Silver sagte, es wäre eine Schande zu versuchen, einen Mann wie Mr. Morgan auszuplündern; und ich sagte, ich dächte auch, daß das unklug wäre. Dann nach dem Dinner schlägt Klein einen Bummel vor, und ich und er und Silver gehen dann runter nach der Siebenten Avenue zu und sehen uns die Stadt an. Klein sieht im Fenster eines Leihhauses ein paar Manschettenknöpfe, die seine Bewunderung erregen, und wir gehen alle rein, während er sie kauft.

Als wir wieder im Hotel waren und nachdem Klein gegangen war, springt Silver auf mich zu und fuchtelt mit den Armen.

»Hast du's gesehen?« sagt er. »Hast du's gesehen, Billy?«

»Was?« frage ich.

»Na, das Bild, das Morgan will. Es hängt in dem Leihhaus hinter dem Ladentisch. Ich habe nichts gesagt, weil Klein dabei war. Es ist todsicher das richtige. Die Mädchen sind so natürlich, wie man sie nur malen kann, alle mit Rockweite sechsunddreißig, fünfundzwanzig und zweiundvierzig, wenn sie Röcke anhätten, und sie machen einen

Steptanz am Ufer eines melancholischen Flusses. Was sagte Mister Morgan, daß er dafür zahlen würde? Oh, ich will es lieber gar nicht sagen. Die wissen nicht, was sie haben in dem Leihhaus.«

Als das Leihhaus am nächsten Morgen geöffnet wurde, standen ich und Silver so begierig davor, als wollten wir unseren Sonntagsanzug versetzen, um uns einen Schnaps zu kaufen. Wir gingen gemächlich hinein und begannen, uns Uhrketten anzusehen.

»Das ist ja ein schreiendes Exemplar von einem Farbdruck da oben«, bemerkte Silver so nebenbei zu dem Pfandleiher. »Aber irgendwie gefällt mir das Mädchen mit den Schulterblättern und dem roten Fähnchen. Würde ein Angebot von zwei Dollar fünfundzwanzig Cent Sie dazu veranlassen, ein paar zerbrechliche Waren Ihrer Kollektion umzuwerfen, um es schnell vom Nagel zu nehmen?«

Der Pfandleiher lächelt und fährt fort, uns vergoldete Uhrketten zu zeigen.

»Das Bild«, sagt er, »wurde vor einem Jahr von einem Herrn aus Italien verpfändet. Ich lieh ihm dafür fünfhundert Dollar. Es heißt ›Mußestunde der Liebe‹ und ist von Leonardo de Vinchy. Vor zwei Tagen ist die gesetzliche Frist abgelaufen, und es wurde ein nicht eingelöstes Pfand. – Hier diese Art Kette wird jetzt viel getragen.«

Eine halbe Stunde später zahlten ich und Silver dem Pfandleiher zweitausend Dollar und gingen mit dem Bild fort. Silver stieg mit ihm in eine Taxe und fuhr nach Morgans Büro. Ich gehe ins Hotel zurück und warte auf ihn. Zwei Stunden danach kommt Silver zurück.

»Hast du Mister Morgan angetroffen?« frage ich. »Wieviel hat er dir dafür gegeben?«

Silver setzt sich und spielt mit einer Quaste am Tischtuch.

»Ich habe Mister Morgan eigentlich gar nicht angetroffen«, sagt er, »weil Mister Morgan schon seit einem Monat in Europa ist. Aber was mir keine Ruhe läßt, Billy, ist die Tatsache, daß das gleiche Bild in allen Kaufhäusern zu haben ist, mit Rahmen für drei Dollar achtundvierzig Cent. Und für den Rahmen allein verlangen sie drei Dollar fünfzig Cent – das kann ich nicht verstehen.«

Das Karussell des Lebens

Friedensrichter Benaja Widdup saß unter der Tür seines Büros und schmauchte seine Holunderpfeife. Halb zum Zenit empor reckte sich das Cumberlandgebirge graublau in den Nachmittagsdunst. Eine gesprenkelte Henne stolzierte die Hauptstraße der ›Siedlung‹ hinunter und gackerte albern.

Die Straße herauf kam das Geräusch kreischender Achsen, dann eine träge Staubwolke und dann ein Ochsenkarren mit Ransie Bilbro und seinem Weib darauf. Der Karren hielt vor der Tür des Richters, und die beiden kletterten herunter. Ransie war ein knapp sechs Fuß langer Bursche mit blaßbrauner Haut und gelbem Haar. Der unerschütterliche Gleichmut der Berge umgab ihn wie ein Panzer. Die Frau steckte in Kattun, war eckig, mit Schnupftabak bestreut und von unbekannten Sehnsüchten gequält. Durch all das schimmerte ein schwacher Protest betrogener Jugend, die nicht recht weiß, was ihr entgangen ist.

Der Friedensrichter schlüpfte der Würde wegen in seine Schuhe und ließ sie eintreten.

»Wir zwei beide«, sagte die Frau mit einer Stimme, die sich anhörte, wie wenn der Wind durch die Fichtenzweige fährt, »wir woll'n 'ne Scheidung.« Sie blickte zu Ransie, ob er vielleicht in ihrer Darlegung der Angelegenheit einen Fehler, eine Zweideutigkeit, eine Ausflucht, Parteilichkeit oder Voreingenommenheit entdeckt habe.

»'ne Scheidung«, wiederholte Ransie mit feierlichem Nicken. »Wir zwei beide können auf keine Weise nich mit uns auskommen. In den Bergen is einsam genug leben, wenn 'n Mann und 'ne Frau sich einer aus dem andern was machen. Aber wenn sie fauchen tut wie 'ne Wildkatze oder böse glotzt als wie 'ne Schleiereule im Käfig, dann hat 'n Mann keine Veranlassung nich, mit sie zu leben.«

»Wenn er 'n nichtsnutziges Gesindel is«, sagte die Frau ohne besondere Wärme, »und mit Lumpens und heimliche Schnapsbrenner rumschlumpen tut und randvoll mit Kornwhisky auf'm Kreuz liegt und die Leute mit 'ne Meute hungrige unnützige Hundeviecher zum Befüttern plagt.«

»Wenn sie mit Pfanndeckel schmeißen tut«, kam Ransies Stimme in dem Wechselgesang, »und auf den besten Hetzhund in den Cumberlands kochendes Wasser schütten tut und sich spreizt, dem Mann sein Essen zu kochen, und ihn die Nacht kein Auge zutun läßt, indem daß sie ihm eine Unmasse Zeug vorwerfen tut.«

»Wenn er sich immerzu mit die Zollbeamten in die Haare liegt und 'n schlechten Namen in die Berge hat von wegen als 'n schlechter Mensch, wer soll denn da in der Nacht schlafen können?«

Der Friedensrichter machte sich bedächtig an seine Obliegenheiten. Er stellte seinen Bittstellern den einzigen Stuhl und einen Holzschemel hin. Dann öffnete er sein Gesetzbuch auf dem Tisch und prüfte das Verzeichnis. Nun putzte er seine Brille und schob das Tintenfaß weg.

»Das Gesetz und die Statuten«, begann er, »sagen nichts über den Gegenstand der Scheidung, soweit es die Gerichtsbarkeit dieses Gerichts betrifft. Aber nach dem Billigkeitsrecht und der Verfassung und der Sittenregel ist es ein schlechter Handel, wenn er nicht auch umgekehrt gilt. Wenn ein Friedensrichter ein Paar verheiraten kann, dann ist ganz klar, daß er auch die Möglichkeit haben muß, sie zu scheiden. Dies Amt hier wird ein Scheidungsurteil abfassen und sich für die Gültigkeit an die Entscheidung des Obersten Gerichtshofs halten.«

Ransie Bilbro zog einen kleinen Tabaksbeutel aus seiner Hosentasche. Aus dem schüttelte er eine Fünfdollarnote auf den Tisch. »Hab ’n Bärenfell und zwei Fuchspelze verkauft«, bemerkte er. »Das is alles Geld, wo wir haben.«

»Der reguläre Preis für eine Scheidung vor diesem Gericht ist fünf Dollar«, sagte der Richter. Mit scheinbar gleichgültiger Miene stopfte er die Banknote in die Tasche seiner Homespunweste. Unter großer körperlicher Anstrengung und mühevoller geistiger Arbeit schrieb er das Urteil auf die obere Hälfte eines Stempelbogens und machte auf der unteren eine Abschrift davon. Ransie Bilbro und seine Frau hörten ihm zu, als er das Dokument verlas, das ihnen die Freiheit geben sollte.

»Hiermit allen kund und zu wissen, daß Ransie Bilbro und seine Ehefrau, Ariela Bilbro, heutigen Tages persönlich vor mir erschienen und das Versprechen ablegten, von nun an einander weder zu lieben noch zu ehren, noch zu gehorchen, weder im Guten noch im Schlimmen, beide gesund an Leib und Seele, und kommen sie der Scheidungsaufforderung nach im Namen des Friedens und der Würde des Staates. Weichet nicht davon ab, dazu verhelfe euch Gott.

Benaja Widdup, Friedensrichter in und für den Distrikt Piedmont im Staate Tennessee.«

Der Richter wollte eben Ransie eins der Dokumente aushändigen. Doch Arielas Stimme verzögerte die Übergabe. Die beiden Männer sahen sie an. Die schwerfällige Männlichkeit sah sich etwas Plötzlichem, Unerwartetem in der Frau gegenüber.

»Geben Sie ihm Ihr Papier noch nich, Richter. Es is noch nich alles erledigt. Erst will ich mein Recht haben. Ich will meine Alimoneten haben. Das is keine Art nich von ’nem Mann, sich von seiner Frau zu scheiden, und sie hat keinen Cent zum was anfangen. Ich will zu meinem Bruder Ed rauf auf den Hogback. Da muß ich ’n Paar Schuhe haben und Schnupftabak und andres Zeugs. Wenn sich Rance kann 'ne Scheidung leisten, denn könn' Sie ihn auch lassen Alimoneten für mich zahlen.«

Ransie Bilbro war mit sprachloser Verblüffung geschlagen. Von Alimenten war vorher auch nicht andeutungsweise die Rede gewesen. Frauen kamen immer zu so überraschenden und unvorhergesehenen Resultaten.

Richter Benaja Widdup fühlte, daß dieser Punkt richterliche Entscheidung verlangte. Auch über den Gegenstand der Alimente schwiegen die Gewährsleute. Aber die Füße der Frau waren nackt. Und der Weg zum Hogback Mountain war steinig und hart.

»Ariela Bilbro«, fragte er mit seiner Amtsstimme, »wie hoch, meinen Sie, wären angemessene und ausreichende Alimente in dem vor Gericht befindlichen Fall anzusehen?«

»Ich würde meinen«, sagte sie, »für die Schuhe und alles – sagen wir fünf Dollar. Das is nich viel für Alimoneten, aber ich denke, damit komm ich bis zu Bruder Ed rauf.«

»Der Betrag ist nicht unvernünftig«, sagte der Richter. »Ihnen, Ransie Bilbro, wird vom Gericht befohlen, der Klägerin die Summe von fünf Dollar zu zahlen, bevor das Scheidungsurteil ausgefolgt wird.«

»Mehr Geld hab ich nich«, entgegnete Ransie und atmete schwer. »Ich hab Ihnen alles gezahlt, was ich gehabt hatte.«

»Andernfalls«, sagte der Richter und blickte streng über seine Brille, »andernfalls es ungebührliches Betragen gegen das Gericht ist.«

»Ich denke, wenn Sie mir bis morgen Zeit geben«, bat der Ehemann, »dann kann ich es vielleicht wo zusammenklauben oder ranschaffen. Nie nich hab ich gedacht, daß ich soll Alimoneten zahlen.«

»Der Fall ist auf morgen vertagt«, sagte Benaja Widdup, »wo ihr zwei beide persönlich erscheint und den Befehlen des Gerichts Folge leistet. Wonach dann das Scheidungsurteil ausgefolgt wird.« Er setzte sich unter die Tür und machte ein Schuhband auf.

»Eigentlich könn' wir zu Onkel Ziah rübergehn und da über Nacht bleiben«, entschied Ransie. Er kletterte von der einen Seite in den Karren, Ariela von der anderen. Dem Klatschen seines Strickes gehorchend, kam der kleine rote Ochse langsam in seine Richtung, und in der von den Rädern aufgewirbelten grauen Staubwolke kroch der Karren davon.

Friedensrichter Benaja Widdup schmauchte seine Holunderpfeife. Am späten Nachmittag bekam er seine Wochenzeitung und las sie, bis die Zeilen in der Dämmerung verschwammen. Dann zündete er die Talgkerze auf dem Tisch an und las, bis der Mond aufging und anzeigte, daß die Abendbrotzeit heran war. Er wohnte in dem Doppelblockhaus auf dem Hang bei der geschälten Pappel. Auf dem Heimweg zum Abendessen kreuzte er einen kleinen Seitenpfad, der durch ein Lorbeerdickicht verdunkelt wurde. Die finstere Gestalt eines Mannes trat aus dem Lorbeer und zielte mit einer Büchse auf seine Brust. Den Hut hatte er tief heruntergezogen und mit irgend etwas war fast das ganze Gesicht verhüllt.

»Her mit Ihrem Geld«, sagte die Gestalt, »ohne Widerrede. Ich krieg's mit die Nerven, und mein Finger wackelt am Abzug.«

»Ich hab nur f-f-fünf Dollar«, sagte der Richter und zog sie aus der Westentasche.

»Roll sie zusammen«, wurde ihm befohlen, »und steck sie oben in den Büchsenlauf.«

Die Banknote war frisch und neu. Selbst für plumpe und zitternde Finger war es nicht besonders schwierig, einen Fidibus daraus zu drehen und ihn (was schon schwerer fiel) in die Mündung der Büchse zu stecken.

»Jetzt könn' Sie sich weiterscheren«, sagte der Räuber.

Und der Richter machte sich ungesäumt auf den Weg.

Am nächsten Tag kam der kleine rote Ochse und zog den Karren vor die Amtstür. Richter Benaja Widdup hatte seine Schuhe an, denn er erwartete den Besuch. In seiner Gegenwart händigte Ransie Bilbro seiner Frau eine Fünfdollarnote aus. Der Blick des Beamten nahm sie scharf in Augenschein. Sie schien sich zu krümmen, als sei sie zusammengerollt gewesen und in das Ende eines Büchsenlaufs gesteckt worden. Aber der Richter enthielt sich jeder Bemerkung. Wahr ist, daß auch andere Banknoten dazu verleitet sein können, sich zu krümmen. Er überreichte jedem ein Scheidungsurteil. Beide standen in unbeholfenem Schweigen und falteten das Freiheitspfand langsam zusammen. Die Frau warf einen scheuen, befangenen Blick auf Ransie.

»Du gehst wohl wieder mit dem Ochsenkarren zur Hütte zurück«, sagte sie. »In der Zinnbüchse auf dem Wandbrett is Brot. Den Schinken hab ich in den Kochtopf getan, damit die Hunde nich rankönnen. Vergiß heut abend nich, die Uhr aufzuziehen.«

»Du gehst zu deinem Bruder Ed?« fragte Ransie mit schöner Gelassenheit.

»Wollte noch vor Abend oben sein. Ich will nich sagen, daß sie sich überschlagen werden, wenn sie mich sehn, aber ich hab ja nirgendwo anders hinzugehen. Es is ein Weg, der es in sich hat, und ich will nu lieber gehn. Ich möcht' dir noch Lebwohl sagen, Rance – das heißt, wenn dir was dran liegt.«

»Ich weiß nich, ob jemand so'n Hundevieh könnt' sein, daß er nich wollt' Lebwohl sagen«, sagte Ransie mit der Stimme eines Märtyrers, »außer du hast so eilig wegzukommen, daß du nich willst.«

Ariela schwieg. Sie faltete die Fünfdollarnote und ihr Scheidungsurteil sorgfältig zusammen und steckte beides in den Ausschnitt ihres Kleides. Benaja Widdup sah mit trauervollen Augen hinter der Brille das Geld verschwinden.

Mit seinen nächsten Worten stellte er sich dann in eine

Reihe (so liefen seine Gedanken) mit der großen Schar der mitfühlenden Seelen dieser Welt oder der kleinen Schar ihrer großen Geldleute.

»Wird heute abend bißchen einsam sein in der alten Hütte, Ransie«, sagte er.

Ransie Bilbro starrte auf die Cumberlandberge hinaus, die nun klarblau im Sonnenlicht lagen. Ariela sah er nicht an.

»Denke schon, daß es einsam sein könnt'«, sagte er, »aber wenn die Leute verrückt werden und 'ne Scheidung wollen, denn kann man die Leute nich halten.«

»Es gibt noch andre, die 'ne Scheidung wollten«, sagte Ariela zu dem Holzschemel. »Außerdem hat niemand nich niemand halten gewollt.«

»Niemand hat nie nich gesagt, daß er nich will.«

»Niemand hat nie nich gesagt, daß er will. Ich werde mich man jetzt lieber zu meinem Bruder Ed aufmachen.«

»Niemand kann diese alte Uhr aufziehn.«

»Willst wohl, daß ich in dem Karren mitfahr' und sie für dich aufziehn tu, Rance?«

Das Gesicht des Gebirglers war durch Gemütsbewegungen nicht zu rühren. Aber er streckte eine mächtige Hand aus und umschloß Arielas kleine braune. Für einen Augenblick schaute Arielas Seele durch ihr unbewegliches Gesicht und verklärte es.

»Die Hunde sollen dich nich mehr plagen«, sagte Ransie. »Ich bin wohl ganz schlecht und gemein gewesen. Zieh man du die Uhr auf, Ariela.«

»Mein Herz hängt an der Hütte, Rance«, flüsterte sie, »und an dir. Ich will nie mehr verrückt werden. Ziehen wir los, Rance, daß wir vor Sonnenuntergang zu Hause sind.«

Friedensrichter Benaja Widdup vertrat ihnen den Weg, als sie, seine Anwesenheit vergessend, zur Tür gingen.

»Im Namen des Staates Tennessee verbiete ich euch, seinen Gesetzen und Statuten zu trotzen«, sagte er. »Dieser

Gerichtshof ist mehr als willens und voller Freude, zu sehen, wie die Wolken der Zwietracht und der Mißverständnisse sich von zwei liebenden Herzen wälzen, aber es ist die Pflicht des Gerichts, die Moral und die Lauterkeit des Staates zu wahren. Das Gericht erinnert euch daran, daß ihr nicht mehr Mann und Frau seid, sondern geschiedene Leute durch ein reguläres Urteil und als solche kein Recht mehr habt auf die Segnungen und Zugehörigkeiten des ehelichen Standes.«

Ariela griff nach Ransies Arm. Sollten diese Worte bedeuten, daß sie ihn gerade jetzt verlieren mußte, da sie ihre Lektion für das Leben gelernt hatte?

»Aber das Gericht ist bereit«, fuhr der Richter fort, »die durch das Scheidungsurteil aufgetretene Rechtsunfähigkeit zu beseitigen. Das Gericht steht zur Verfügung, die feierliche Trauungszeremonie zu vollziehen und die Sache in Ordnung zu bringen und die Parteien wieder in den ehrenwerten und erhebenden Ehestand zu versetzen, nach dem sie verlangen. Die Gebühr für die Vollziehung besagter Zeremonie beträgt in diesem Fall genau fünf Dollar.«

Ariela erwischte den Hoffnungsstrahl in seinen Worten. Flink langte ihre Hand in den Busen. Zutraulich wie eine einfallende Taube flatterte die Banknote auf den Tisch des Richters. Arielas blasse Wangen färbten sich, als sie Hand in Hand mit Ransie stand und den Worten lauschte, die sie wieder vereinigten.

Ransie half ihr in den Karren und kletterte neben sie. Wieder wandte sich der kleine rote Ochse, und Hand in Hand fuhren sie den Bergen zu.

Friedensrichter Benaja Widdup saß unter seiner Tür und zog sich die Schuhe aus. Wieder befingerte er die in seiner Westentasche verstaute Banknote. Wieder schmauchte er seine Holunderpfeife. Wieder stolzierte die gesprenkelte Henne die Hauptstraße der ›Siedlung‹ hinunter und gackerte albern.

Die Pfannkuchen von Pimienta

Als wir eine Gruppe Rinder in den Frio-Gründen zusammentrieben, verfing sich ein vorspringender Zweig eines abgestorbenen *Mesquite*-Strauches in meinem hölzernen Steigbügel und verursachte eine Verrenkung meines Fußknöchels, die mich für eine Woche im Lager ans Bett fesselte.

Am dritten Tag meiner unfreiwilligen Faulheit kroch ich heraus in die Nähe des Verpflegungswagens und blieb schutzlos unter dem Feuer der Unterhaltung von Judson Odom, dem Lagerkoch, liegen. Judson war von Natur ein Mensch des Alleinredens, den das Schicksal mit der üblichen Unbesonnenheit in einen Beruf gestellt hatte, in dem er für den größten Teil der Zeit jeglicher Zuhörerschaft beraubt war. Daher war ich ein willkommener Regen in der Wüste von Judsons unfreiwilliger Schweigsamkeit.

Nach kurzer Zeit wurde ich von krankhaftem Verlangen nach etwas Eßbarem angestachelt, das nicht unter die Überschrift ›Lagerverpflegung‹ fiel. Ich hatte Visionen von der mütterlichen Speisekammer, ›tief wie die erste Liebe und ungestüm bei allem Bedauern‹, und so sagte ich:

»Judson, kannst du Pfannkuchen bereiten?«

Judson legte seinen sechsschüssigen Revolver weg, mit dem er ein Antilopenfilet klopfen wollte, und stand – meinem Empfinden nach – in bedrohlicher Haltung über mir. Er bestätigte meinen Eindruck, daß seine Haltung bösartig sei, noch dadurch, daß er aus seinen hellblauen Augen einen Blick kalten Argwohns auf mich heftete.

»Sag mal«, sagte er mit offensichtlichem, wenn auch nicht übermäßigem Zorn, »meinst du das ehrlich, oder wolltest du versuchen, mich auf die Schippe zu nehmen? Haben dir welche von mir und jenem Pfannkuchending erzählt?«

»Nein, Judson«, sagte ich aufrichtig, »ich meinte, was ich sagte. Ich glaube, ich würde mein Pferdchen samt Sattel eintauschen gegen einen Berg von butterigen, braunen Pfannkuchen mit etwas New-Orleans-Sirup der ersten Abkochung. Gab es eine Geschichte mit Pfannkuchen?«

Judson war sogleich besänftigt, als er sah, daß ich mich nicht mit Anspielungen abgegeben hatte. Er brachte einige geheimnisvolle Tüten und Blechdosen aus dem Proviantwagen und setzte sie in den Schatten des Zürgelbaumes, an dem ich lehnte. Ich sah ihm zu, wie er sie gemächlich zu ordnen und ihre vielen Bindfäden aufzuknüpfen begann.

»Nein, keine Geschichte«, sagte Judson, während er hantierte, »sondern nur der Tatsachenbericht über den Vorfall zwischen mir und jenem rosaäugigen Schafhirten aus Mired Mule Canada und Fräulein Willella Learight. Ich habe nichts dagegen, sie dir zu erzählen.

Ich arbeitete damals für den alten Bill Toomey auf der Ranch San Miguel. Eines Tages werde ich doch ganz besessen von Gelüsten, etwas Eingemachtes zu essen, das nie gemuht und gebäht oder gegrunzt hat oder je in Viertelscheffelmaßen gewesen ist. So besteige ich meinen halbwilden Gaul und stoße die Nase gegen den Wind vorwärts nach Onkel Emsley Telfairs Gemischtwarenladen an der Pimienta-Kreuzung über den Neuces. Gegen drei Uhr nachmittags warf ich meinen Zügel über einen Ast und ging die letzten zwanzig Meter zu Fuß in Onkel Emsleys Laden. Ich setzte mich auf den Ladentisch und erzählte Onkel Emsley, daß alle Zeichen auf die Vernichtung der Weltobsternte durch mich hindeuteten. Innerhalb einer Minute hatte ich eine Tüte Keks und einen langstieligen Löffel mit je einer offenen Dose Aprikosen, Ananas, Kirschen und Reineclauden vor mir, während Onkel Emsley eifrig dabei war, mit dem Beil die gelben Pfirsichkerne aufzuhacken. Mir war wie Adam vor dem Apfelschreck, und ich drückte meine Sporen in die Seiten des Ladentischs und arbeitete eifrig mit meinem Vierundzwanzig-Zoll-Löffel, bis ich zufällig aus dem Fenster auf den Hof von Onkel Emsleys Haus blickte, das gleich neben dem Geschäft war.

Dort stand ein Mädchen – ein importiertes Mädchen mit Ausstattung –, das mit einem Krocketschläger schäkerte und sich ein Vergnügen daraus machte, mir zuzusehen, auf welche Weise ich die Obstkonservenindustrie ankurbelte.

Ich glitt vom Ladentisch herunter und übergab Onkel Emsley meine Schaufel.

›Das ist meine Nichte‹, sagt er, ›Fräulein Willella Learight, von Palestina auf Besuch heruntergekommen. Möchten Sie, daß ich Sie bekannt mache?‹

Das Heilige Land, sagte ich zu mir, wobei sich meine Gedanken eine Weile im Kreise bewegten, ehe ich sie in die richtige Richtung zwingen konnte. Warum nicht? Sicher gab es Engel in Pales – ›Ei ja, Onkel Emsley‹, spreche ich laut aus, ›ich wäre ungeheuer beglückt, Fräulein Learight kennenzulernen.‹

So nahm mich Onkel Emsley mit in den Hof und gab uns die gegenseitigen Namen bekannt.

Ich war Frauen gegenüber nie schüchtern. Ich konnte nie verstehen, warum Männer, die schon bis zum Frühstück ein wildes Pferd zähmen oder sich im Dunkeln rasieren können, ganz und gar linkisch werden und von Schweiß triefen und Entschuldigungen stammeln, wenn sie ein Stück Kattun um das drapiert sehen, was hineingehört. Innerhalb von acht Minuten stießen ich und Fräulein Willella die Krocketbälle so liebenswürdig umher wie Verwandte zweiten Grades. Sie neckte mich wegen der Menge konservierter Früchte, die ich gegessen hatte, und ich verteidigte mich schlagfertig ihr gegenüber damit, wie eine gewisse Dame names Eva die Obstmisere in der ersten Freilandweide ins Leben gerufen hatte – ›drüben in Palestina, nicht wahr?‹ sage ich so leicht und sicher, wie man ein einjähriges Pferd anbindet.

Auf diese Weise erreichte ich eine gewisse Herzlichkeit

für die Zeiten des Beisammenseins mit Fräulein Willella Learight; und diese Neigung wuchs mit fortschreitender Zeit. Sie blieb am Pimientaübergang wegen ihrer Gesundheit, die sehr gut war, und wegen des Klimas, das vierzig Prozent heißer war als in Palestina. Eine Zeitlang ritt ich jede Woche einmal hinüber, sie zu sehen; und dann rechnete ich aus, daß ich, wenn ich die Zahl der Ritte verdoppelte, sie zweimal so oft sehen würde.

In einer Woche schob ich einen dritten Ausflug ein, und da geschah es, daß die Pfannkuchen und der rosaäugige Schafhirte ins Spiel einbrachen.

An jenem Abend fragte ich, während ich mit einem Pfirsich und zwei Damaszenerpflaumen im Munde auf dem Ladentisch saß, Onkel Emsley, wie es Fräulein Willella ginge.

›Nun‹, sagte Onkel Emsley, ›sie ist mit Jackson Bird, dem Schafmann von drüben in Mired Mule Canada, ausgeritten.‹

Ich verschluckte vor Schreck den Pfirsichkern und die zwei Pflaumensteine. Ich nehme an, daß jemand die Ladentafel am Zügel hielt, während ich heruntersprang; und dann schritt ich geradeaus, bis ich mit dem Kopf gegen den *Mesquite* stieß, an dem mein Rotschimmel angebunden war.

›Sie ist ausgeritten‹, flüsterte ich meinem Pferd ins Ohr, ›mit Birdstone Jack, dem gemieteten Bastard des Schafzüchters Canada. Hast du das mitgekriegt, altes Galoppleder?‹

Mein Rotschimmel weinte auf seine Weise. Er war als Pferd zum Rinderhüten aufgewachsen und hatte für schlafmützige Schafhirten nichts übrig.

Ich ging zurück und sagte zu Onkel Emsley: ›Sagten Sie ein Schaf?‹

›Ich sagte ein Schafzüchter‹, sagte der Onkel wieder. ›Sie müssen von Jackson Bird gehört haben. Er hat acht Stück Staatsland von je sechshundertvierzig Acker Grasland und viertausend Kopf der feinsten Merinoschafe südlich des nördlichen Polarkreises.‹

Ich ging hinaus, setzte mich im Schatten des Ladens auf die Erde und lehnte mich an einen stachligen Birnbaum. Gedankenlos siebte ich Sand mit den Händen in meine Stiefel, während ich lange Selbstgespräche führte über diesen Vogel mit dem Jackson-Gefieder zu seinem Namen.

Ich hätte nie daran gedacht, einem Schafzüchter etwas zu tun. Eines Tages sah ich einen, der auf dem Pferde eine lateinische Grammatik las, und ich habe ihn nicht angerührt! Sie haben mich nie aus der Ruhe gebracht, wie das bei den meisten Rinderzüchtern der Fall ist. Du würdest dir doch auch nicht jetzt die Mühe machen, Schafdösern, die an Tischen essen, Promenadenschuhchen tragen und Konversation machen, etwas zu tun und sie zu verunstalten, nicht wahr?

Ich habe sie immer vorbeigehen lassen, genau wie man es mit einem Kaninchenbock tun würde; mit einem höflichen Wort und einer Anspielung auf das Wetter, aber keinem Anhalten, um die Feldflaschen auszutauschen. Ich habe nie daran gedacht, daß es sich lohnen könnte, gegen einen Schafdöser feindselig zu sein. Und weil ich nachsichtig gewesen war und sie am Leben gelassen hatte, ritt einer hier in der Gegend herum mit Fräulein Willella Learight!

Eine Stunde vor Sonnenuntergang kamen sie heimgetrabt und hielten an Onkel Emsleys Tor an. Der Schafmensch half ihr vom Pferd, und sie standen eine Weile dort und warfen einander lauter muntere und spritzige Sätze zu. Und dann fliegt dieser gefiederte Jackson hinauf in seinen Sattel, lüftet seinen kleinen, einem Schmortopf ähnlichen Hut und trabt davon in der Richtung seiner Hammelfleischfarm. Mittlerweile hatte ich den Sand aus meinen Stiefeln gekippt und mich von dem stachligen Birnbaum losgenestelt; und wie er eine halbe Meile über Pimienta hinausgekommen ist, kreuze ich mit Leichtigkeit auf meinem wilden Pferd neben ihm auf.

Ich sagte, der Schafdöser wäre rosaäugig, aber das war er nicht. Sein Sehwerkzeug war ganz schön grau, aber seine

Augenwimpern waren heller und sein Haar war strohblond, und das erweckte den Eindruck. Schafzüchter – er war auf keinen Fall mehr als ein Lämmchenzüchter –, ein kleines Kerlchen, den Hals in ein gelbseidenes Taschentuch eingewickelt und die Schuhe mit Schleifen zugebunden.

›'n Tag!‹ sage ich zu ihm. ›Sie reiten jetzt neben einem Reiter, der allgemein der Tödliche-Sicherheit-Judson genannt wird wegen der Genauigkeit, mit der ich schieße. Wenn ich einen mir Unbekannten kennenlernen will, stelle ich mich *vor* dem Abdrücken vor, denn ich habe nie gern Geistern die Hand gegeben.‹

›Ah‹, sagt er, genauso – ›Ah, ich freue mich, Sie kennenzulernen, Herr Judson. Ich bin Jackson Bird, von der Mired-Mule-Farm dort drüben!‹

In diesem Augenblick sah eins meiner Augen einen Straßenläufer mit einer Tarantel im Schnabel den Hügel hinunterhüpfen, und das andere Auge bemerkte einen Kaninchenhabicht auf einem dürren Ast einer Wasserulme. Ich knallte einen nach dem andern nieder mit meinem Fünfundvierziger, nur um es ihm zu zeigen. ›Zwei von dreien‹, sage ich, ›Vögel scheinen ganz natürlich mein Feuer anzuziehen, wo ich auch gehe!‹

›Nette Schießerei‹, sagt der Schafmann ohne ein Zucken. ›Aber verfehlen Sie niemals den dritten Schuß? Ausgezeichnet schöner Regen war das vorige Woche für das junge Gras, Herr Judson, nicht wahr‹ sagt er.

›Willie‹, sage ich und reite dicht heran an seinen Zelter, ›deine verblendeten Eltern mögen dich mit dem Namen Jackson bedacht haben, aber du hast dich ganz sicher zu einem zwitschernden Willie gemausert – werfen wir doch diese Analyse hier vom Regen und von den Elementen beiseite und kommen wir zurück zu einer Unterhaltung, die über den Wortschatz von Papageien hinausgeht. Das ist eine schlechte Gewohnheit, die du da angenommen hast, mit jungen Damen drüben in Pimienta zu reiten. Ich habe Vögel gekannt, sag ich dir, die sind für geringere Taten als das auf Toast serviert worden. Fräulein Willella‹, sage ich, ›wünscht niemals, daß ihr von einem Piepmätzchen aus dem Jacksonschen Zweig der Vogelwelt ein Nest von Schafwolle bereitet wird. Nun, wirst du verzichten, oder sehnst du dich danach, mit diesem Tödliche-Sicherheit-Anhängsel an meinem Namen anzubandeln, das für zwei Bindestriche und mindestens eine Folge von Begräbnisfeierlichkeiten gut ist?‹

Jackson Bird lief erst ein bißchen rot an, und dann lachte er. ›Nun, Herr Judson‹, sagte er, ›Sie sind auf der falschen Fährte. Ich habe Fräulein Learight ein paarmal besucht, aber nicht zu dem Zweck, den Sie denken. Meine Absicht ist nur eine gastronomische.‹

Ich griff nach meiner Flinte.

›Jeder Kojote‹, sage ich, ›der sich brüstet, mit unehrenhaften –‹

›Augenblick‹, sagte dieser Vogel, ›bis ich es erklärt habe. Was soll ich mit einer Frau anfangen? Wenn Sie jemals meine Farm gesehen hätten! Ich besorge meine Kocherei und Flickerei selbst. Essen – das ist das einzige Vergnügen, das ich aus der Schafzucht heraushole. Herr Judson, haben Sie je die Pfannkuchen gekostet, die Fräulein Learight bereitet?‹

›Ich? Nein!‹ sagte ich zu ihm. ›Mir wurde nie verraten, daß sie auf kulinarische Kunststückchen aus ist.‹

›Sie sind goldener Sonnenschein‹, sagte er, ›honigbraun von den ambrosischen Feuern des Epikur. Ich würde zwei Jahre meines Lebens hingeben, um das Rezept für diese Pfannkuchen zu bekommen. Deshalb besuchte ich Fräulein Learight‹, sagte Jackson Bird, ›aber es ist mir noch nicht gelungen, es von ihr zu erhalten. Es ist ein altes Rezept, das seit sechsundsiebzig Jahren in der Familie existiert, sie geben es von einer Generation an die andere weiter, aber sie geben es nicht an Außenseiter weg. Wenn ich das bekommen könnte, so daß ich mir auf meiner Farm selbst solche Pfannkuchen machen könnte, wäre ich ein glücklicher Mann‹, sagt Bird.

›Sind Sie sicher‹, sag ich zu ihm, ›daß es nicht die Hand ist, die die Pfannkuchen rührt, hinter der Sie her sind?‹

›Sicher‹, sagt Jackson. ›Fräulein Learight ist ein gewaltig hübsches Mädchen, aber ich kann Ihnen versichern, daß meine Absichten nicht weiter gehen als die Gastro-‹, aber er hatte gesehen, daß meine Hand zu meinem Pistolenhalfter hinabgeglitten war, und so änderte er seinen Vergleich, ›als der Wunsch, eine Abschrift des Pfannkuchenrezeptes zu erlangen‹, schloß er.

›Sie sind gar kein so schlechtes Kerlchen‹, sagte ich und versuchte, gerecht zu sein. ›Ich hatte die Absicht, aus Ihren Schafen so etwas wie Waisen zu machen. Aber Sie bleiben bei den Pfannkuchen‹, sagte ich, ›so fest wie das Mittelste in einem Haufen; und mißverstehen Sie mich nicht, indem Sie Feingefühl für Sirup nehmen, oder es wird bald auf Ihrer Farm gesungen, und Sie hören es nicht mehr.‹

›Um Sie davon zu überzeugen, daß ich aufrichtig bin‹, sagt der Schafzüchter, ›möchte ich Sie bitten, mir zu helfen. Fräulein Learight und Sie sind engere Freunde; könnte sein, daß sie Ihnen zuliebe das täte, was sie für mich nicht tut. Wenn Sie mir eine Abschrift des Pfannkuchenrezeptes verschaffen könnten, gebe ich Ihnen mein Wort, daß ich sie nie wieder aufsuchen werde.‹

›Das ist fair‹, sagte ich und schüttelte Jackson Bird die Hand. ›Ich werde es für Sie besorgen, wenn ich kann, und mich freuen, Ihnen einen Gefallen zu tun.‹ Und er schwenkte ab, die große Birnbaum-Ebene hinunter auf den *Piedra,* in Richtung von Mired-Mule; ich steuerte nordwestlich nach der Farm des alten Bill Toomey.

Es war fünf Tage später, als ich wieder eine Gelegenheit hatte, nach Pimienta hinüber zu reiten. Fräulein Willella und ich verbrachten einen angenehmen Abend bei Onkel

Emsley. Sie sang ein bißchen und strapazierte das Klavier ziemlich mit Auszügen aus Opern. Ich gab Nachahmungen einer Klapperschlange zum besten, erzählte ihr von Snaky McFees neuer Methode, Rinder abzuziehen, und beschrieb ihr den Ausflug, den ich einmal nach Saint Louis unternommen hatte. Wir kamen ganz schön voran in der gegenseitigen Wertschätzung. Da denke ich, wenn Jackson nun überredet werden kann, fortzuziehen, gewinne ich. Ich erinnere mich seines Versprechens über das Pfannkuchenrezept und denke, ich will es durch Überredungskünste von Fräulein Willella bekommen und ihm geben; und wenn ich dann doch das Vögelchen wieder in der Nähe von Mired-Mule fange, will ich es über den Zweig hüpfen lassen.

So setze ich so gegen zehn Uhr ein schmeichelndes Lächeln auf und sage zu Fräulein Willella: ›Nun, wenn es etwas gibt, was ich lieber habe als den Anblick eines roten Stiers im grünen Gras, so ist es der Geschmack eines schönen, heißen Pfannkuchens, der in Zuckerfabrik-Sirup eingehüllt ist.‹

Fräulein Willella tut einen Sprung auf dem Klaviersessel und guckt mich sonderbar an.

›Ja‹, sagt sie, ›sie sind schon lecker. Wie, sagten Sie, war der Name jener Straße in Saint Louis, Herr Odom, wo Sie Ihren Hut verloren?‹

›Pfannkuchen-Allee‹, sage ich mit einem Zwinkern, um ihr zu zeigen, daß ich auf das Familienrezept aus war und nicht von dem Thema abgelenkt werden könnte. ›Kommen Sie schon, Fräulein Willella‹, sage ich, ›lassen Sie uns hören, wie Sie sie bereiten. Pfannkuchen drehen sich augenblicklich wie Mühlräder in meinem Kopf. Schießen Sie los: ... Pfund Mehl, acht Dutzend Eier, und so weiter. Wie lautet die Liste der Zutaten?‹

›Entschuldigen Sie mich für einen Moment, bitte‹, sagt Fräulein Willella, und sie wirft mir von der Seite einen schnellen Blick zu und schlüpft von ihrem Sessel. Sie stolziert hinaus ins andere Zimmer, und sogleich kommt Onkel Emsley in Hemdsärmeln herein mit einem Krug Wasser. Er dreht sich um, um ein Glas auf den Tisch zu stellen, und ich sehe eine fünfundvierziger Pistole in seiner Hüfttasche. ›Donner und Doria!‹ denke ich. ›Aber hier ist eine Familie, die gewaltige Stücke auf Kochrezepte hält, daß sie sie mit Feuerwaffen schützt. Ich habe einen Haufen Männer kennengelernt, die nicht einmal bei einem Familienzwist so viel tun würden.‹

›Trinken Sie dies hier hinunter‹, sagt Onkel Emsley und reicht mir ein Glas Wasser. ›Sie sind heute zu weit geritten, Judson, und haben sich überreizt. Versuchen Sie, jetzt an etwas anderes zu denken!‹

›Wissen Sie, wie diese Pfannkuchen gemacht werden, Onkel Emsley?‹ fragte ich.

›Nun, ich bin nicht so unterrichtet über ihre anatomische Zusammensetzung wie manche andere‹, sagte Onkel Emsley, ›aber ich meine, Sie nehmen ein Sieb von gebranntem Gips und einen kleinen Teig und Natron und Roggenmehl und mischen sie wie üblich mit Eiern und Buttermilch. Wird der alte Bill dieses Frühjahr wieder Ochsen nach Kansas City versenden, Jud?‹

Das war alles, was ich in jener Nacht über Pfannkuchenspezialitäten erreichen konnte. Ich wunderte mich nicht, daß Jackson Bird fand, es wäre eine mühselige Arbeit. So ließ ich das Thema fallen und unterhielt mich mit Onkel Emsley eine Weile über Hohlhörner und Zyklone. Und dann kam Fräulein Willella und sagte ›Gute Nacht‹, und ich machte mich mit der Nase gegen den Wind auf den Heimweg.

Ungefähr eine Woche danach traf ich Jackson Bird, wie er aus Pimienta herausritt, als ich hineinstrebte, und wir blieben auf der Landstraße stehen zu ein paar oberflächlichen Bemerkungen.

›Schon das Rezept der Zutaten für jene Pfannkuchen bekommen?‹ frage ich.

›Hm, nein‹, sagt Jackson. ›Ich scheine gar keinen Erfolg darin zu haben. Haben Sie es versucht?‹

›Ja‹, sage ich, ›und es war, wie wenn ich versuchte, einen Präriehund mit einer Erdnußschale aus seiner Höhle auszugraben. Besagtes Pfannkuchenrezept muß, aus dem zu schließen, wie sie es verbergen, ein Kleinod sein.‹

›Ich bin beinahe so weit, es aufzugeben‹, sagt Jackson, so mutlos in seinem Ausdruck, daß er mir leid tat; ›aber ich wollte so gern wissen, wie man die Pfannkuchen macht, um sie auf meiner einsamen Tierfarm zu essen!‹ sagt er. ›Ich liege nachts wach, weil ich daran denke, wie gut sie schmecken!‹

›Versuchen Sie es nur weiter‹, rate ich ihm, ›und ich will es auch tun. Einer von uns wird ganz sicher in kurzer Zeit den Stier bei den Hörnern haben. Nun, adjüs, Jacky.‹

Sie sehen, damals standen wir auf friedlichstem Fuße miteinander. Als ich sah, daß er nicht hinter Fräulein Willella her war, hatte ich erträglichere Ansichten über jenen strohblonden Schafdöser. Um den Gelüsten seines Appetits aus der Not zu helfen, versuchte ich auch weiter, das Rezept von Fräulein Willella zu bekommen. Aber jedesmal, wenn ich ›Pfannkuchen‹ sagte, wurden ihre Augen eigenartig fremd und nervös, und sie versuchte, das Gesprächsthema zu wechseln. Wenn ich dabei beharrte, schlüpfte sie jedesmal hinaus und trieb Onkel Emsley herein mit seinem Wasserkrug und seiner Hüfttaschen-Haubitze.

Eines Tages galoppierte ich mit einem schönen Strauß blauer Verbenen, die ich drüben an der Poisoned-Dog-Prairie aus einem Meer wilder Blumen gepflückt hatte, nach dem Laden. Onkel Emsley besah sie mit einem zugekniffenen Auge und sagte: ›Haben Sie es noch nicht gehört?‹

›Vieh ausgebrochen?‹ fragte ich.

›Willella und Jackson Bird sind gestern in Palestina getraut worden‹, sagt er. ›Habe heute morgen gerade den Brief bekommen.‹

Ich ließ meine Blumen in eine Keksblechkiste fallen, die Nachricht in meine Ohren tröpfeln und hinunterrieseln nach meiner linken oberen Hemdtasche, bis sie schließlich zu meinen Füßen gelangte.

›Würden Sie das bitte noch einmal sagen, Onkel Emsley?‹ sage ich. ›Kann sein, daß ich mich verhört habe und Sie nur gesagt haben, daß erstklassige Färsen lebend 4,80 kosten oder so etwas Ähnliches.‹

›Gestern getraut‹, sagte Onkel Emsley, ›und nach Waco und Niagara gefahren auf der Hochzeitsreise. Wie, haben Sie denn die ganze Zeit gar nichts davon gemerkt? Jackson Bird hat um Willella geworben seit dem Tage, an dem er sie zum Reiten abgeholt hatte.‹

›Dann‹, sagte ich in einer Art Schrei, ›was war dann der ganze Humbug, den er mir vorgemacht hat über Pfannkuchen? Sagen Sie mir das!‹

Als ich ›Pfannkuchen‹ sagte, wich Onkel Emsley gleichsam etwas zur Seite und ging einen Schritt zurück.

›Da hat mich einer mit Pfannkuchen von unten bis oben angeschmiert, und ich werde es herauskriegen. Ich glaube, Sie wissen es. Raus mit der Sprache‹, sage ich, ›oder wir werden gleich hier eine Handvoll Schüsse austauschen.‹

Ich glitt über die Ladentafel und hinter Onkel Emsley her. Er griff hastig nach seiner Pistole, aber sie war in einem Schubkasten; und er griff zwei Zoll daneben. Ich packte ihn am Vorderteil seines Hemds und schob ihn in die Ecke. ›Erzählen Sie von den Pfannkuchen‹, sage ich, ›oder Sie werden zu einem gemacht. Macht Fräulein Willella sie?‹

›Sie hat nie in ihrem Leben einen gemacht, und ich sah niemals einen‹, sagt Onkel Emsley beschwichtigend. ›Beruhigen Sie sich jetzt, Judson – beruhigen Sie sich. Sie haben sich erregt, und Ihre Kopfwunde verwirrt jetzt Ihr Denkvermögen. Versuchen Sie, nicht an Pfannkuchen zu denken.‹

›Onkel Emsley‹, sage ich, ›ich bin nicht im Kopf verwundet außer insofern, als meine Anlagen zum Denken nur denen eines Zwergochsen entsprechen. Jackson Bird hat mir erzählt, er besuchte Fräulein Willella nur zu dem Zwecke, ihr System der Pfannkuchenbereitung herauszukriegen, und er bat mich, ihm zu helfen, zu dem Frachtbrief der Zutaten zu kommen. Das habe ich getan mit dem Ergebnis, das Sie sehen. Ich bin von einem rosaäugigen Schafdöser mit Johnson-Gras zugedeckt worden, oder etwa nicht?‹

›Lockern Sie Ihren Griff an meinem Frackhemd‹, sagt Onkel Emsley, ›und ich werde es Ihnen erzählen. Ja, es sieht so aus, als hätte Jackson Bird Sie ganz schön geprellt. Einen Tag nachdem er mit Willella ausgeritten war, kam er wieder und riet mir und ihr, vor Ihnen auf der Hut zu sein, sobald Sie von Pfannkuchen zu reden anfingen. Er erzählte, Sie wären einmal im Lager gewesen, als man flache Pfannkuchen bereitet hätte, und einer von den Burschen hätte Sie mit der Bratpfanne über den Kopf geschlagen. Jackson sagte, daß, sobald Sie erhitzt oder erregt würden, jene Wunde Sie schmerzte und Sie beinahe verrückt machte, und Sie fingen an, von Pfannkuchen zu schwärmen. Er riet uns, Sie nur mit aller Macht von dem Thema abzubringen und zu beruhigen, und Sie wären ungefährlich. So taten ich und Willella mit Ihnen das, was wir für das Beste hielten. Ja, ja‹, sagt Onkel Emsley, ›dieser Jackson Bird ist schon eine seltene Art von Schafmensch.‹«

Während des Fortgangs von Judsons Geschichte hatte er langsam, aber geschickt bestimmte Mengen von den Inhalten seiner Säcke und Büchsen zusammengetan. Als sie ihrem Ende zuging, stellte er das fertige Produkt vor mich hin, zwei glühendheiße, schön gefärbte Pfannkuchen auf einem Zinnteller. Aus irgendeinem verborgenen Stapelplatz brachte er auch einen Klumpen ausgezeichneter Butter und eine Flasche mit goldenem Sirup.

»Wie lange ist es her, daß diese Dinge passiert sind?« fragte ich.

»Drei Jahre«, sagte Judson. »Sie leben jetzt auf der Mired-Mule-Farm. Aber ich habe seitdem keines von beiden gesehen. Man sagt, Jackson Bird hätte seine Farm schön hergerichtet – mit Schaukelstühlen und Fenstervorhängen – während der ganzen Zeit, da er mich auf den Pfannkuchenbaum setzte. Oh, nach einer Weile bin ich darüber hinweggekommen. Aber die Jungen hielten das Schelmenstück lebendig.«

»Hast du diese Kuchen nach dem berühmten Rezept gemacht?« fragte ich.

»Habe ich dir nicht erzählt, daß es kein Rezept gab?« sagte Judson. »Die Jungen riefen laut ›Pfannkuchen‹, bis sie hungrig wurden auf Pfannkuchen, und ich habe dieses Rezept aus einer Zeitung ausgeschnitten. Wie schmeckt der Kram?«

»Sie sind köstlich«, antwortete ich. »Warum ißt du nicht auch davon, Judson?«

Ich hörte ganz bestimmt einen Seufzer.

»Ich?« sagte Judson. »Ich esse nie welche.«

Die Straßen, die wir wählen

Zwanzig Meilen westlich von Tucson hielt der ›Sunset-Expreß‹ an einem Tank, um Wasser zu nehmen. Außer der nassen Fracht sackte sich die Lokomotive des berühmten Blitzzuges noch andere Dinge auf, die nicht gut für sie waren.

Während der Heizer den Speiseschlauch herabließ, krochen Bob Tidball, ›Hai‹ Dodson und ein Viertelblut-Creekindianer mit Namen John Dicker Hund auf die Lokomotive und zeigten dem Lokomotivführer drei runde Mündungen der Kanonen, die sie mithatten. Diese Mündungen beeindruckten den Lokomotivführer so sehr, daß er beide Arme mit einer Bewegung hob, wie sie sonst den Ausruf »Na so was!« begleitet.

Auf den unmißverständlichen Befehl ›Hai‹ Dodsons, der an der Spitze der angreifenden Streitmacht stand, stieg der Lokomotivführer herunter und koppelte die Lokomotive samt Tender ab. Dann hockte sich John Dicker Hund oben auf die Kohlen und richtete spielerisch zwei Schießeisen auf den Maschinisten und den Heizer mit der Empfehlung, die Lokomotive fünfzig Schritt laufen zu lassen und weitere Kommandos abzuwarten.

›Hai‹ Dodson und Bob Tidball, die es unter ihrer Würde erachteten, so gehaltloses Erz wie die Passagiere zu verhütten, stürzten sich gleich auf das reiche Nest des Postwagens. Sie fanden den begleitenden Postbeamten ruhig und heiter in dem Glauben, der ›Sunset-Expreß‹ nehme nichts Kitzligeres und Gefährlicheres als *aqua pura* zu sich. Während Bob ihm mit dem Kolben seines Sechsschüssigen diese Vorstellung aus dem Kopf schlug, gab ›Hai‹ Dodson dem Postsafe bereits Dynamit zu schlucken.

Der Safe explodierte mit einer Resonanz bis zum Betrage

von dreißigtausend Dollar, alles in Gold und gültiger Währung. Die Passagiere streckten beiläufig den Kopf zum Fenster hinaus, um nach der Gewitterwolke zu sehen. Der Schaffner riß an der Klingelleine, die nach dem Ruck lose und haltlos herabhing. ›Hai‹ Dodson und Bob Tidball ließen sich, die Beute in einem festen Leinensack, aus dem Postwagen fallen und rannten schwerfällig in ihren hochhackigen Stiefeln zu der Lokomotive.

Der wütende, aber vernünftige Lokomotivführer ließ die Maschine, wie ihm befohlen, in schnellem Tempo von dem bewegungslosen Zug fortlaufen. Doch ehe das vollbracht war, sprang der Postbeamte, der sich inzwischen von Bob Tidballs Bekehrung zur Neutralität erholt hatte, mit einer Winchesterbüchse aus dem Wagen und beteiligte sich an dem Spiel. Ohne es zu wissen, spielte Mr. John Dicker Hund, der auf dem Kohlentender saß, eine verkehrte Karte aus, indem er sich als Zielscheibe gebärdete, und der Postbeamte war ihm über. Mit einer genau zwischen den Schulterblättern sitzenden Kugel rollte der Creekglücksritter zu Boden und vergrößerte dadurch die Beuteanteile seiner Kameraden um je ein Sechstel.

Zwei Meilen vom Tank entfernt mußte der Lokomotivführer halten.

Die Räuber winkten einen herausfordernden Abschiedsgruß und tauchten einen steilen Abhang hinab in die dichten Wälder, die sich am Schienenstrang entlangzogen. Fünf Minuten krochen sie durch dichtes Dornengestrüpp und gelangten dann auf eine Lichtung, wo drei Pferde an tiefhängenden Ästen angebunden standen. Eins wartete auf John Dicker Hund, der nie wieder, weder bei Tag noch bei Nacht, reiten würde. Die Räuber nahmen diesem Tier Sattel und Zaumzeug ab und ließen es laufen. Dann stiegen sie, den Sack über einen Sattelknopf gelegt, auf die beiden anderen und ritten schnell und vorsichtig durch den Wald und eine urzeitliche, einsame Schlucht hinauf. Hier rutschte das

Pferd, auf dem Bob Tidball saß, auf einem moosbewachsenen Felsblock aus und brach sich ein Vorderbein. Sie schossen es durch den Kopf und setzten sich nieder, um über die Flucht zu beraten. Da sie sich im Augenblick dank der verschlungenen Pfade, die sie geritten waren, in Sicherheit fühlten, war die Zeitfrage nicht mehr so brennend. Viele Meilen und Stunden lagen zwischen ihnen und dem schnellsten Aufgebot an Konstablern, die sie verfolgen könnten. ›Hai‹ Dodsons Pferd, mit nachschleppender Leine und hängendem Zügel, schnaubte und knabberte dankbar an dem Ufergras des Stromes in der Schlucht. Bob Tidball machte den Sack auf und zog mit beiden Händen die sauberen Banknotenpäckchen und den Beutel mit Gold heraus und kicherte mit kindlichem Vergnügen.

»Na, du alter Quadratpirat«, rief er Dodson fröhlich zu, »du hast gesagt, wir können die Sache machen – du hast einen Kopf fürs Geldmachen, der alles und jedes in Arizona übertrifft.«

»Wie sollen wir ein Pferd für dich beschaffen, Bob? Ewig können wir hier nicht warten. Vor der Morgendämmerung werden sie uns auf der Spur sein.«

»Oh, ich denke, dein Mustang wird auch eine Weile zwei tragen«, antwortete der zuversichtliche Bob. »Das erste Tier, das uns in den Weg läuft, werden wir annektieren. Heiliger Strohsack, da haben wir aber mal einen Fang gemacht, was? Nach den Banderolen sind es dreißigtausend Dollar – also für jeden fünfzehntausend!«

»Es ist nicht so viel, wie ich erwartet habe«, sagte ›Hai‹ Dodson und stieß sacht mit der Stiefelspitze an die Bündel. Dann blickte er nachdenklich auf die feuchten Flanken seines muden Pferdes.

»Der alte Bolivar ist mächtig nahe am Zusammenklappen«, sagte er langsam. »Ich wünschte, dein Rotfuchs hätt' sich nichts getan.«

»Ich auch«, meinte Bob freundlich, »aber daran kann ich

nun nichts ändern. Bolivar steht über viel Boden – er wird uns beide weit genug bringen, daß wir zu frischen Pferden kommen. Verdammt, Hai, ich muß immer daran denken, wie ulkig es doch ist, daß einer aus dem Osten wie du hierherkommen kann und uns Kerlen aus dem Westen Karten und Trümpfe für das Desperadogeschäft in die Hand gibt. Aus welcher Gegend im Osten bist du eigentlich?«

»Staat New York«, sagte ›Hai‹ Dodson, setzte sich auf einen Felsblock und kaute an einem Ast. »Geboren bin ich auf einer Farm im Distrikt Ulster. Als ich siebzehn war, bin ich von zu Hause weggelaufen. Daß ich in den Westen kam, war ein reiner Zufall. Ich bin da so mit meinem Kleiderbündel die Straße langgewandert und wollte nach New York. Irgendwie hatt' ich es mir in den Kopf gesetzt, dahin zu gehen und einen Haufen Geld zu verdienen. Ich hab immer gedacht, daß ich das könnte. Eines Abends bin ich dann an eine Stelle gekommen, wo sich die Straße gabelte, und ich wußte nicht, welchen Weg ich nehmen sollte. Eine halbe Stunde habe ich darüber nachgedacht, und dann nahm ich den zur Linken. In der Nacht stieß ich auf das Lager einer Wildwest-Show, die in den Kleinstädten rumreiste, und mit der bin ich nach Westen weitergezogen. Ich hab mich oft gefragt, ob ich nicht anders geworden wär, wenn ich die andere Straße genommen hätte.«

»Ach, ich denke, es wäre bei dir auf dasselbe herausgekommen«, sagte Bob Tidball mit heiterem Gleichmut. »Es sind nicht die Straßen, die wir wählen, es ist das Inwendige in uns, was uns so macht.«

›Hai Dodson stand auf und lehnte sich an einen Baum.

»Es wär mir 'n ganz Teil lieber, wenn deinem Rotfuchs nichts passiert wär«, sagte er wieder, fast pathetisch.

»Ganz meinerseits«, gab Bob zu, »bestimmt ist er ein erstklassiges Krähenfutter. Aber Bolivar wird uns schon prima durchbringen. Ich glaube, wir sollten uns jetzt lieber davonmachen, was, Hai? Ich werde das Zeug wieder einsacken, und wir werden uns irgendwie zu einem lichteren Wald durchschlagen.«

Bod Tidball steckte die Beute in den Sack zurück und schnürte ihn fest mit einem Strick zu. Als er aufstand, erblickte er als auffälligsten Gegenstand die Mündung von ›Hai‹ Dodsons Revolver, den dieser, ohne zu zittern, auf ihn gerichtet hielt.

»Laß deine Witze«, sagte Bob grinsend. »Wir müssen uns aus dem Staube machen.«

»Halt den Rand«, entgegnete Hai. »Du wirst dich nicht mehr aus dem Staube machen, Bob. Es fällt mir verdammt schwer, dir das zu sagen, aber nur einer von uns hat eine Chance. Bolivar ist mächtig abgehetzt, zwei kann er nicht tragen.«

»Wir beide, ›Hai‹ Dodson, sind drei Jahre lang Freunde gewesen«, sagte Bob ruhig. »Noch und noch haben wir zusammen unser Leben aufs Spiel gesetzt. Ich bin immer ehrlich zu dir gewesen, und ich hab gedacht, du bist ein Mann. Ich hab ja ein paar komische Geschichten über dich gehört, daß du ein paar Leute auf eigentümliche Art niedergeschossen hast, aber ich hab nie so recht dran geglaubt. Wenn du dir jetzt einen Spaß mit mir machen willst, Hai, steck dein Schießeisen weg, wir setzen uns auf Bolivar und hauen ab. Wenn du wirklich schießen willst – dann schieß, du dreckiger Hund!«

›Hai‹ Dodsons Gesicht hatte einen überaus kummervollen Ausdruck.

»Du kannst dir nicht vorstellen, wie mir das an die Nieren geht, daß sich dein Rotfuchs das Bein gebrochen hat, Bob«, seufzte er.

Im nächsten Augenblick verwandelte sich der Ausdruck in Dodsons Gesicht in kalte Grausamkeit, die mit unerbittlicher Habgier vermischt war. Sekundenlang blickte seine Seele hindurch wie ein böses Gesicht im Fenster eines achtbaren Hauses.

Bob Tidball sollte sich wirklich nie wieder ›aus dem Staube machen‹. Der mörderische Revolver des falschen Freundes krachte und erfüllte die Schlucht mit einem Brüllen, das mit empörten Echos von den Wänden zurückgeschleudert wurde. Und der unwissende Komplice Bolivar trug den letzten Plünderer des ›Sunset-Expreß‹ geschwind davon, und es wurde ihm nicht Gewalt angetan, ›doppelt zu tragen‹.

Doch wie ›Hai‹ Dodson durch die Wälder dahingaloppierte, schienen sie vor seinem Blick zu verschwimmen; der Revolver in seiner Rechten verwandelte sich in die geschwungene Armlehne eines Mahagonisessels; sein Sattel war sonderbarerweise gepolstert, und als er die Augen öffnete, sah er seine Füße nicht in den Steigbügeln, sondern bequem auf der Kante eines gemaserten Eichentisches ruhen.

Ich will euch bloß sagen, daß Dodson, Firma Dodson & Decker, Makler in der Wallstreet, seine Augen aufmachte. Der Prokurist Peabody stand neben seinem Stuhl und wollte nicht recht mit der Sprache heraus. Ein verworrenes Räderrollen drang von unten herauf, und der Ventilator surrte einschläfernd.

»Ahem! Peabody«, sagte Dodson blinzelnd. »Ich muß eingeschlafen sein. Ich habe einen sehr sonderbaren Traum gehabt. Was ist, Peabody?«

»Mr. Williams, Sir, von Tracy & Williams, ist draußen. Er möchte gern das Geschäft in XYZ perfekt machen. Sie erinnern sich, Sir, er ist in große Absatzschwierigkeiten geraten.«

»Ja, ich erinnere mich. Wie notieren XYZ heute, Peabody?«

»Einsfünfundachtzig, Sir.«

»Dann muß er so viel zahlen.«

»Entschuldigen Sie, daß ich davon rede«, sagte Peabody sichtlich nervös, »aber ich habe mit Williams gesprochen. Er ist ein alter Freund von Ihnen, Mr. Dodson, und praktisch haben Sie die Majorität von XYZ. Ich dachte, Sie könnten – das heißt, ich dachte, vielleicht würden Sie sich nicht erinnern, daß er Ihnen den ganzen Aktienvorrat zu achtundneunzig verkauft hat. Wenn er zum Börsenkurs abschließt, wird er jeden Cent hergeben müssen, den er besitzt, und außerdem wird es ihn noch sein Haus kosten.«

Der Ausdruck von Dodsons Gesicht verwandelte sich augenblicklich in kalte Grausamkeit, die mit unerbittlicher Habgier vermischt war. Sekundenlang blickte seine Seele hindurch wie ein böses Gesicht im Fenster eines achtbaren Hauses.

»Er wird einsfünfundachtzig bezahlen«, sagte Dodson. »Zwei kann Bolivar nicht tragen.«

Freunde in San Rosario

Der Zug in Richtung Westen hielt pünktlich um 8.20 Uhr in San Rosario. Ein Mann mit einer dicken schwarzen Ledertasche unter dem Arm stieg aus und ging eilig die Hauptstraße der Stadt hinauf. Auch andere Fahrgäste stiegen noch in San Rosario aus, aber sie schlenderten entweder lässig zum Bahnhofrestaurant oder nach der Kneipe ›Zum Silberdollar‹ hinüber, oder sie gesellten sich zu den Gruppen der Müßiggänger am Bahnhof.

Keineswegs lag Unschlüssigkeit in den Bewegungen des Mannes mit der Tasche. Er war klein, aber kräftig, hatte sehr helles, kurzgeschnittenes Haar, ein regelmäßiges, entschlossenes Gesicht und eine streitlustige, funkelnde Brille mit Goldrand. Er war gut gekleidet nach der herrschenden Mode des Ostens. Seine Miene drückte Ruhe und Selbstbewußtsein, wenn nicht gar Autorität aus.

Nachdem er drei Häuserblocks weit gegangen war, kam er in das Geschäftszentrum der Stadt. Hier kreuzten sich die Hauptstraße und eine andere größere Straße und bildeten so den Mittelpunkt des Lebens und Handels von San Rosario. An der einen Ecke stand die Post. An einer anderen Rubenskys Textilgeschäft. Die beiden anderen, diagonal gegenüberliegenden Ecken nahmen die beiden Banken der Stadt ein, die First National und die Stockmen's National. Der Ankömmling ging in die First National Bank von San Rosario, ohne seinen forschen Schritt zu verlangsamen, bis er vor dem Schalter des Hauptkassierers stand. Die Bank wurde um neun für den Publikumsverkehr geöffnet. Die Angestellten waren schon versammelt, und jeder bereitete seinen Arbeitsplatz für die Geschäfte des Tages vor. Der Hauptkassierer sah gerade die Post durch, als er den Fremden vor seinem Schalter bemerkte:

»Die Bank öffnet erst um neun«, sagte er barsch und gleichgültig. Er hatte das schon so oft zu Frühaufstehern sagen müssen, seit in San Rosario öffentliche Bankstunden eingeführt waren.

»Das ist mir durchaus bekannt«, sagte der andere in kühlem, sprödem Ton. »Wollen Sie bitte meine Karte nehmen?«

Der Hauptkassier zog das kleine, makellose Viereck durch das Gitter seiner Kassenbox und las:

J. F. C. NETTLEWICK
Staatlicher Bankrevisor

»Oh – eh – wollen Sie hier herumkommen, Mister – eh – Nettlewick. Ihr erster Besuch – wußte natürlich nicht, in welcher Angelegenheit. Kommen Sie nur herum, bitte.«

Der Revisor befand sich schnell innerhalb der heiligen Bezirke der Bank, wo ihn Mr. Edlinger, der Hauptkassierer, ein bedächtiger, taktvoller und pedantischer Herr mittleren Alters, der Reihe nach umständlich mit jedem Angestellten bekannt machte.

»Ich dachte eigentlich, daß Sam Turner bald wieder einmal vorbeikäme«, sagte Mr. Edlinger. »Sam revidiert uns nun schon seit etwa vier Jahren. Ich denke, Sie werden bei uns alles in Ordnung finden trotz der angespannten Lage im Geschäft. Kein übermäßig großer Kassenbestand, aber wir können den Stürmen schon trotzen, mein Herr, den Stürmen trotzen.«

»Mister Turner und ich sind vom Hauptrevisor angewiesen worden, unsere Bezirke zu tauschen«, sagte der Revisor in seiner bestimmten, strengen Art. »Er arbeitet jetzt in meinem alten Gebiet in Süd-Illinois. Ich möchte bitte mit dem Bargeld beginnen.«

Perry Dorsey, der Kassierer, war schon dabei, sein Geld für die Inspektion auf dem Zahltisch zu ordnen. Er wußte, daß es bis auf den Cent stimmte und daß er nichts zu fürchten hatte, aber er war nervös und aufgeregt. So ging es allen in der Bank. Dieser Mann wirkte so eisig und tüchtig, so unpersönlich und unnachgiebig, daß allein schon seine Anwesenheit eine Beschuldigung auszudrücken schien. Er sah aus wie ein Mensch, der nie einen Irrtum begehen oder übersehen würde.

Mr. Nettlewick bemächtigte sich zuerst des Bargeldes, und mit schnellen, fast gauklerhaften Handbewegungen zählte er die Bündel. Dann zog er den Schwamm zu sich heran und prüfte das Ergebnis an Hand der Scheine nach. Seine dünnen weißen Finger flogen wie die eines großen Musikers über die Tasten eines Klaviers. Mit lautem Krach kippte er das Gold auf den Zahltisch, und die Münzen klimperten und klangen, als sie von seinen behenden Fingerspitzen über die Marmorplatte geschoben wurden. Die Luft war erfüllt vom Geräusch der Scheidemünzen, als er zu den Halb- und Vierteldollarstücken kam. Er zählte alles bis auf den letzten Cent. Er ließ sich eine Waage bringen und wog jeden einzelnen Sack Silber im Tresor. Mit untadeliger Höflichkeit befragte er Dorsey über jede Bargeldrechnung – bestimmte Schecks, Buchungsbelege usw., die noch vom Vortag stammten –, mit einem so seltsamen Ernst in seiner kühlen Art, daß der Kassierer stammelnd und mit rotem Kopf dastand.

Dieser frisch importierte Revisor war so ganz anders als Sam Turner. Sam pflegte die Bank mit einem lauten »Hallo!« zu betreten, Zigarren anzubieten und dann die neuesten Witze zu erzählen, die er auf seiner Runde gehört hatte. Dorsey hatte er gewöhnlich so begrüßt: »Hallo, Perry! Noch nicht ausgerückt mit den Moneten, wie ich sehe?« Turners Art, das Geld zu zählen, war auch anders gewesen. Er pflegte die Banknotenbündel in die Hand zu nehmen, als ob er ihrer überdrüssig wäre, und dann ging er in den Tresor, stieß mit dem Fuß ein paar Säcke Silbergeld um, und die Sache war erledigt. Halbdollar-, Vierteldollar- und Zehncentstücke? Nicht bei Sam Turner. »Kein Hühnerfutter für mich«, sagte er immer, wenn man sie ihm brachte. »Ich bin nicht vom Landwirtschaftsministerium.« Aber schließlich stammte Turner auch aus Texas, und er war ein alter Freund des Präsidenten der Bank und kannte Dorsey seit dessen frühester Kindheit.

Während der Revisor das Geld zählte, fuhr Major Thomas B. Kingman, der Präsident der First National und jedermann bekannt als ›Major Tom‹, mit seinem alten Falben und Einspänner am Nebeneingang vor und kam herein. Er sah den Revisor mit dem Geld beschäftigt und ging in den kleinen ›Ponypferch‹, wie er den Raum nannte, in dem sein Schreibtisch durch ein Geländer abgesondert war, und begann, seine Briefe durchzusehen.

Vorher hatte sich ein kleiner Vorfall ereignet, der sogar den scharfen Augen des Revisors entgangen war. Als er seine Arbeit am Zahltisch begonnen hatte, blinzelte Mr. Edlinger dem jugendlichen Kassenboten Roy Wilson bedeutungsvoll zu und wies mit dem Kopf leicht zur Vordertür hin. Roy verstand, nahm seinen Hut und ging gemächlich hinaus, sein Inkassobuch unter dem Arm. Einmal draußen, lief er schnurstracks in die Stockmen's National. Auch in dieser Bank machte man sich gerade bereit zu öffnen. Kundschaft hatte sich bis jetzt noch nicht gezeigt.

»He, ihr Leute!« rief Roy mit der Vertraulichkeit der Jugend und langer Bekanntschaft. »Rührt euch mal ein bißchen! Wir haben drüben in der First 'nen neuen Bankrevisor, das ist ein Schnüffler. Er zählt dem Perry die Fünfer nach und hat die ganze Mannschaft eingeschüchtert. Mister Edlinger hat mir den Tip gegeben, euch Bescheid zu sagen.«

Mr. Buckley, der Präsident der Stockmen's National, ein untersetzter, älterer Mann, der aussah wie ein Farmer im

Sonntagsanzug, hatte Roy hinten in seinem Privatbüro gehört und rief ihn herein.

»Ist Major Kingman schon in der Bank?« fragte er den Jungen.

»Jawohl, er fuhr gerade vor, als ich wegging«, sagte Roy.

»Ich möchte, daß du ihm eine Nachricht bringst. Gib sie ihm aber persönlich, sobald du zurückkommst.«

Mr. Buckley setzte sich und begann zu schreiben.

Roy kehrte zurück und übergab Major Kingman den Umschlag mit dem Brief. Der Major las ihn, faltete ihn zusammen und schob ihn in seine Westentasche. Für einige Augenblicke lehnte er sich im Stuhl zurück, als ob er tief nachdächte; dann erhob er sich und ging in den Tresor. Er kam heraus mit der dicken, altmodischen Ledertasche, die auf ihrer Rückseite in goldenen Lettern den Auftruck ›Diskontierte Wechsel‹ trug. Sie enthielt die an die Bank fälligen Schuldscheine mit ihren beigefügten Sicherheiten. Der Major kippte alles heftig auf den Schreibtisch und begann es durchzusehen.

Um diese Zeit war Nettlewick mit dem Zählen des Geldes fertig. Wie eine Schwalbe schoß sein Bleistift über das Blatt Papier, auf dem er seine Zahlen notiert hatte. Er öffnete seine schwarze Tasche, die zugleich so etwas wie ein Geheimnotizbuch zu sein schien, schrieb schnell ein paar Zahlen ein, fuhr herum und durchbohrte Dorsey mit dem Funkeln seiner Gläser. Dieser Blick schien zu sagen: ›Diesmal hast du noch Glück gehabt, aber . . .‹

»Bargeld in Ordnung«, schnauzte er. Dann ging er auf den Buchhalter los, und einige Minuten lang flatterten die Seiten des Hauptbuches und segelten die Bilanzbogen durch die Luft.

»Wie oft bilanzieren Sie Ihre Kontobücher?« forschte er plötzlich.

»Eh – einmal im Monat«, stammelte der Buchhalter und fragte sich, wieviel Jahre er wohl kriegen würde.

»In Ordnung«, sagte der Revisor, drehte sich um und stürmte auf den Hauptbuchhalter los, der die Kontoauszüge der auswärtigen Banken und ihre Ausgleichsbuchungen bereithielt. Auch hier war alles in Ordnung. Dann das Kontrollbuch mit den Einzahlungsbelegen. Flatter – flatter – zip – zip – Notiz! In Ordnung; die Liste der Überziehungen, bitte. Danke. Hm, hm. Nicht signierte Wechsel der Bank als nächstes. In Ordnung.

Dann kam der Hauptkassierer an die Reihe, und der gemächliche Mr. Edlinger rieb sich nervös die Nase und putzte seine Brille, als die Fragen nach Papiergeldausgabe, Reingewinn, Grund- und Effektenbesitz der Bank in schneller Folge auf ihn niederprasselten.

Kurz darauf bemerkte Nettlewick hinter sich einen stattlichen Mann, der ihn weit überragte, einen Mann von sechzig Jahren, mit runzeligem, gesundem Gesicht, einem borstigen grauen Bart, einem Schwall grauen Haares und mit durchdringenden blauen Augen, die den schrecklichen Gläsern des Revisors ohne Zucken begegneten.

»Eh – Major Kingman, unser Präsident – eh – Mister Nettlewick«, sagte der Hauptkassierer.

Zwei Männer ganz verschiedenen Typs schüttelten sich die Hände. Einer war das vollendete Produkt einer Welt gerader Linien, konventionellen Denkens und strenger Verhältnisse. Der andere war irgendwie freier, ungezwungener, naturnäher. Tom Kingman hatte sich nie in irgendeine Form pressen lassen. Er war Eseltreiber, Cowboy, Polizeireiter, Soldat, Sheriff, Goldsucher und Viehzüchter gewesen. Jetzt war er Bankpräsident, und seine alten Freunde aus der Prarie, die Kameraden von Sattel, Zelt und Fährten, fanden, daß er sich nicht verändert habe. Als das Vieh in Texas Höchstpreise brachte, hatte er sein Vermögen erworben und die First National Bank von San Rosario gegründet. Trotz seiner Großherzigkeit und manchmal unklugen Großzügigkeit seinen alten Freunden gegenüber hatte sich die Bank gut entwickelt, denn Major Kingman kannte die Menschen so gut wie das Vieh. In den letzten Jahren hatte es eine Depression im Viehgeschäft gegeben, aber die Bank des Majors war eine der wenigen, deren Verluste nicht groß waren.

»Und jetzt«, sagte der Revisor lebhaft, seine Uhr ziehend, »zum Schluß die Darlehen. Wir wollen gleich damit beginnen, wenn Sie gestatten.«

Er hatte die First National fast in Rekordzeit überprüft, aber gründlich, wie alles, was er tat. Die korrekte und saubere Geschäftsführung der Bank hatte seine Arbeit erleichtert. Es gab nur noch eine Bank in der Stadt. Er bekam von der Regierung ein Honorar von fünfundzwanzig Dollar für jede Bank, die er überprüfte. Diese Darlehen und diskontierten Wechsel müßte er eigentlich in einer halben Stunde schaffen. Dann könnte er gleich die andere Bank überprüfen und noch den Zug um 11.45 Uhr erreichen, den einzigen, der heute noch in der Richtung fuhr, in der er arbeitete. Sonst müßte er die Nacht und den Sonntag in dieser langweiligen, westlichen Stadt verbringen. Und das war der Grund, warum er es so eilig hatte.

»Kommen Sie mit, mein Herr«, sagte Major Kingman mit seiner tiefen Stimme, in der sich die gedehnte Sprechweise des Südstaatlers mit dem rhythmischen Näseln des Westlers verband. »Wir wollen sie zusammen durchsehen. Keiner in der Bank kennt diese Papiere besser als ich. Ein paar davon sind ja ein bißchen wackelig auf den Beinen, und einige sind wie herrenloses Vieh ohne besonders viele Brandzeichen auf dem Rücken, aber beim Zusammentreiben werden sie fast alle ihr Geld bringen.«

Die beiden setzten sich an den Schreibtisch des Präsidenten. Zuerst sah der Revisor wie der Blitz die Schuldscheine durch, addierte die Beträge und fand, daß ihre Summe mit der Summe der Darlehen übereinstimmte. Als nächstes nahm er sich die größeren Anleihen vor und erkundigte sich peinlich genau nach den Verhältnissen der Indossanten oder ihren Sicherheiten. Der Spürsinn des neuen Revisors schien zu suchen, sich hierhin und dorthin zu wenden und unerwartete Ausfälle zu machen, wie ein Bluthund, der eine Spur aufnimmt. Schließlich schob er alle Papiere beiseite, außer einigen, die er sauber vor sich aufschichtete, und begann eine trockene, förmliche kleine Ansprache.

»Mein Herr, ich finde den Zustand Ihrer Bank sehr gut angesichts der schlechten Ernten und der Depression im Viehgeschäft Ihres Staates. Die Buchungsarbeit scheint sorgfältig und pünktlich verrichtet zu werden. Die Summe Ihrer überfälligen Gelder ist nicht sehr hoch und verspricht nur geringe Verluste. Ich würde Ihnen empfehlen, die großen Darlehen zu kündigen und nur noch solche mit sechzig-, neunzig- oder gar nur eintägiger Kündigungsfrist zu geben, bis die Geschäfte allgemein wieder florieren. Und jetzt ist da nur noch eins, bevor ich mit der Bank fertig bin. Hier sind sechs Schuldscheine, die sich auf etwa vierzigtausend Dollar belaufen. Sie sind laut Nennwert durch verschiedene Aktien, Obligationen, Anteilscheine und so weiter zum Wert von siebzigtausend Dollar gedeckt. Diese Wertpapiere sind nicht bei den Schuldscheinen, an die sie angeheftet sein sollten. Ich nehme an, Sie haben sie im Safe oder im Tresor. Gestatten Sie mir, sie zu prüfen.«

Major Toms hellblaue Augen richteten sich entschlossen auf den Revisor. »Nein, mein Herr«, sagte er mit leiser, aber fester Stimme, »diese Wertpapiere sind weder im Safe noch im Tresor. Ich habe sie genommen. Sie können mich persönlich für ihr Fehlen verantwortlich machen.«

Nettlewick fühlte einen leichten Schauer. Das hatte er nicht erwartet. Er war auf eine wichtige Fährte gestoßen, als die Jagd schon zu Ende ging.

»Aha!« sagte der Revisor. Er wartete einen Augenblick und fuhr dann fort: »Darf ich Sie bitten, sich näher zu erklären?«

»Ich habe die Wertpapiere genommen«, wiederholte der Major. »Ich tat es nicht zu meinem eigenen Vorteil, sondern um einen alten Freund zu retten, der in Schwierigkeiten war. Kommen Sie hier herein, mein Herr, wir wollen die Sache besprechen.«

Er führte den Revisor nach hinten in das Privatbüro der Bank und schloß die Tür. Ein Schreibtisch, ein Tisch und ein halbes Dutzend lederbezogene Stühle standen darin. Von der Wand schaute der ausgestopfte Kopf eines Texasstiers mit Hörnern, deren Abstand von Spitze zu Spitze fünf Fuß betrug. Gegenüber hing der alte Kavalleriesäbel des Majors, den er bei Shiloh und Fort Pillow getragen hatte.

Der Major rückte einen Stuhl für Nettlewick zurecht und setzte sich selbst an das Fenster, von dem er die Post und die verzierte Kalksteinfassade der Stockmen's National sehen konnte. Er begann nicht gleich zu sprechen, und Nettlewick hielt es für angebracht, das Eis aus Gründen der ähnlichen Temperatur mit der Stimme der offiziellen Warnung zu brechen.

»Wie Sie sicherlich wissen, ist Ihre Feststellung«, so begann er, »da Sie es unterlassen haben, sie näher zu erklären, eine sehr ernste Sache. Sie wissen auch, was mich meine Pflicht zu tun zwingt. Ich werde der Aufsichtsbehörde berichten müssen und . . .«

»Ich weiß, ich weiß«, sagte Major Tom mit einer Handbewegung. »Sie glauben doch nicht, daß ich eine Bank leiten würde, ohne die Bundesbankgesetze und die Statuten zu kennen! Tun Sie Ihre Pflicht. Ich bitte Sie nicht um Rücksichtnahme. Aber ich sprach von meinem Freund. Ich möchte, daß Sie sich anhören, was ich von Bob zu erzählen habe.«

Nettlewick setzte sich in seinem Stuhl zurecht. Heute würde er nicht mehr aus San Rosario fortkommen. Er hatte an den Schatzmeister zu telegrafieren und vor dem Bundesbevollmächtigten einen Eid zu leisten, damit Major Kingman verhaftet werden konnte; vielleicht würde er die Weisung erhalten, die Bank wegen des Verlustes der Sicherheiten zu schließen. Dies war nicht das erste Vergehen, das der Revisor aufgespürt hatte. Ein- oder zweimal war seine dienstliche Haltung durch den schrecklichen Aufruhr menschlicher Gefühle, den seine Untersuchungen verursachten, fast erschüttert worden. Bankleute hatten vor ihm gekniet und wie Frauen geweint und ihn gebeten – eine Stunde lang –, ihnen eine Chance zu geben und einen einmaligen Fehler zu übersehen. Ein Hauptkassierer hatte sich vor ihm an seinem Schreibtisch erschossen. Keiner von ihnen hatte es mit soviel Würde und Fassung getragen wie dieser ernste alte Westmann. Nettlewick fühlte, daß er nicht umhin konnte, ihm wenigstens zuzuhören, falls er zu sprechen wünschte. Die Ellbogen auf der Stuhllehne und das markante Kinn in die rechte Hand gestützt, erwartete der Bankrevisor die Beichte des Präsidenten der First National Bank von San Rosario.

»Wenn man vierzig Jahre lang einen Freund hat«, begann Major Tom etwas belehrend, »der erprobt ist in Wasser, Feuer, Sand und Zyklonen, dann zögert man nicht, wenn man ihm einen kleinen Gefallen tun kann.«

›Und unterschlägt für ihn Sicherheiten im Werte von siebzigtausend Dollar‹, dachte der Revisor.

»Wir waren zusammen Cowboys, Bob und ich«, fuhr der Major langsam, bedächtig und nachdenklich fort, als ob seine Gedanken mehr in der Vergangenheit als in der kritischen Gegenwart weilten. »In ganz Arizona, Neu-Mexiko und in großen Teilen von Kalifornien haben wir zusammen nach Gold und Silber geschürft. Wir waren beide im einundsechziger Krieg, nur in verschiedenen Einheiten. Wir haben Seite an Seite gegen Indianer und Pferdediebe gekämpft; wir haben wochenlang in einer Blockhütte in den Bergen Arizonas gehungert, zwanzig Fuß tief im Schnee begraben; wir haben zusammen Vieh gehütet, wenn der Wind so stark war, daß der Blitz nicht einschlagen konnte; kurzum, Bob und ich haben so manche rauhe Zeit hinter uns, seit wir uns im Lager der alten Anchor-Bar-Ranch zum erstenmal trafen. Und während dieser Zeit ergab sich mehr als einmal die Notwendigkeit, uns gegenseitig aus der Klemme zu helfen. Damals gehörte es sich für einen Mann, daß er zu seinem Freund hielt, ohne ein Dankeschön dafür zu fordern. Vielleicht brauchte man ihn selber schon am nächsten Tag, wenn es galt, sich eine Schar von Apachen vom Leibe zu halten oder das Bein über einem Klapperschlangenbiß abzubinden und nach Whisky zu reiten. So beruhte schließlich alles auf Gegenseitigkeit, und wenn man es mit seinem Partner nicht ehrlich meinte, ja, dann konnte es passieren, daß man ohne ihn dastand, wenn man ihn brauchte. Aber Bob war ein Mann, der bereit war, bis zum Äußersten zu gehen. Seine Freundschaft kannte keine Grenzen.

Vor zwanzig Jahren war ich der Sheriff dieses Distrikts, und ich machte Bob zu meinem Stellvertreter. Das war vor der Viehkonjunktur, in der wir beide unser Vermögen erwarben. Ich war Sheriff und Steuereinnehmer, und das war damals eine große Sache für mich. Ich war verheiratet, und wir hatten einen Jungen und ein Mädchen, vier und sechs Jahre alt. Wir wohnten gleich neben dem Gerichtsgebäude in einem bequemen Haus, das die Kreisverwaltung mietfrei zur Verfügung stellte, und ich legte etwas Geld zurück. Bob machte die meiste Büroarbeit. Beide hatten wir harte Zeiten und eine Menge Viehdiebstähle und Gefahren erlebt, und ich sage Ihnen, es war großartig, nachts Regen und Hagel an die Fenster trommeln zu hören und dabei geschützt und gemütlich im Warmen zu sitzen in dem Bewußtsein, daß man am Morgen aufstehen, sich rasieren und von den Leuten ›Mister‹ nennen lassen konnte. Und dann hatte ich die beste Frau und die besten Kinder, die je in diese Gegend verschlagen wurden, und dazu meinen alten Freund, der mit mir die ersten Früchte des Wohlstands und die weißen Hemden genoß, und ich glaube, ich war glücklich. Ja, damals *war* ich glücklich.«

Der Major seufzte und sah wie zufällig zum Fenster hinaus.

Der Bankrevisor wechselte seine Haltung und stützte das Kinn in die andere Hand.

»In einem Winter«, fuhr der Major fort, »kamen die Steuergelder so schnell ein, daß ich eine Woche lang keine Zeit hatte, das Zeug zur Bank zu bringen. Ich stopfte die Schecks einfach in eine Zigarrenkiste und das Geld in einen Sack und verschloß beides in dem großen Safe, der zum Büro des Sheriffs gehörte.

Ich war in dieser Woche überarbeitet und sowieso irgendwie krank. Meine Nerven waren nicht in Ordnung, nicht einmal der Schlaf nachts erfrischte mich. Der Doktor hatte irgendeinen wissenschaftlichen Namen dafür, und ich nahm Medizin ein. Dazu kam noch, daß mir, wenn ich abends zu Bett ging, das Geld nicht aus dem Sinn kam. Nicht, daß ich mich sehr zu beunruhigen brauchte, der Safe war gut, und keiner außer Bob und mir kannte die Kombination. An einem Freitagabend nun waren etwa sechstausendfünfhundert Dollar Bargeld in dem Sack. Am Sonnabendmorgen ging ich wie gewöhnlich in mein Büro. Der Safe war verschlossen, und Bob schrieb an seinem Schreibtisch. Ich schloß den Safe auf, und das Geld war weg. Ich brachte das ganze Gerichtsgebäude auf die Beine, um den Diebstahl anzuzeigen. Mir fiel nur auf, daß Bob es ziemlich ruhig aufnahm, wenn man bedenkt, daß die Sache zuerst auf uns beide zurückfiel.

Zwei Tage vergingen, und wir fanden nicht die geringste Spur. Diebe konnten es nicht gewesen sein, denn der Safe war richtig mit Hilfe der Kombination geöffnet worden. Die Leute mußten schon darüber reden, denn eines Nachmittags kommt Alice herein – das ist meine Frau – und der

Junge und das Mädchen, und Alice stampft mit dem Fuß auf, und ihre Augen blitzen, und sie schreit: ›Diese Lügenkerle, Tom, Tom!‹ und ich fange sie ohnmächtig auf und bringe sie langsam wieder zu sich, und sie läßt den Kopf sinken und weint und weint, zum erstenmal seit sie Tom Kingmans Namen trägt. Und Jack und Zilla, die Kinder, die Bob immer wie kleine Tiger ansprangen und an ihm herumkletterten, wenn sie mal ins Gerichtshaus kommen durften, die standen da und scharrten mit ihren kleinen Schuhen auf dem Boden und drängten sich zusammen wie erschreckte Rebhühner. Das war ihre erste Bekanntschaft mit der Schattenseite des Lebens. Bob arbeitete an seinem Schreibtisch, und er stand auf und ging wortlos hinaus. Damals tagte gerade das Geschworenengericht, und am andern Tag erschien Bob vor dem Gericht und gestand, daß er das Geld gestohlen habe. Er sagte, er habe es beim Pokerspiel verloren. Binnen fünfzehn Minuten erklärten sie die Anzeige gegen ihn für begründet und schickten mir den Befehl, den Mann zu verhaften, der mir so viele Jahre näher als tausend Brüder gestanden hatte.

Ich tat es, und dann sagte ich zu Bob mit ausgestrecktem Arm: ›Dort ist mein Haus, und hier ist mein Büro, und dort oben liegt Maine und in der Richtung Kalifornien und dort drüben Florida, und das ist dein Bereich, bis der Prozeß stattfindet. Du stehst unter meiner Aufsicht, und ich übernehme die Verantwortung dafür. Sei hier, wenn du gebraucht wirst.‹

›Danke, Tom‹, sagte er ein bißchen unbekümmert, ›ich hatte gehofft, daß du mich nicht einsperren würdest. Der Prozeß ist nächsten Montag; wenn du nichts dagegen hast, möchte ich mich bis dahin hier in der Nähe des Büros aufhalten. Eine Bitte habe ich noch, falls es dir nicht zuviel ist. Wenn du ab und zu mal die Kinder zu einer kleinen Balgerei in den Hof ließest, würde ich mich freuen.‹

›Warum nicht?‹ antwortete ich. ›Sie können tun und lassen, was sie wollen, und du auch. Und komm in mein Haus wie immer.‹

Sehen Sie, Mister Nettlewick, man kann nicht aus einem Dieb einen Freund machen, aber man kann auch nicht so schnell aus einem Freund einen Dieb machen.«

Der Revisor antwortete nicht. In diesem Augenblick hörte man das schrille Pfeifen einer Lokomotive, die in den Bahnhof einfuhr. Das war ein Zug der Kleinbahn, die vom Süden nach San Rosario führte. Der Major spitzte die Ohren, horchte einen Moment und sah dann nach der Uhr. Die Kleinbahn war pünktlich – 10.35 Uhr. Der Major fuhr fort.

»So trieb sich Bob, Zeitung lesend und rauchend, in der Nähe des Büros herum. Ich suchte mir einen andern Stellvertreter, und nach einer Weile legte sich die erste Aufregung über den Fall.

Eines Tages, als wir allein im Büro waren, kam Bob herüber zu mir. Er sah so grimmig und nervös aus und hatte denselben Blick wie damals, wenn er eine ganze Nacht nach Indianern Ausschau gehalten oder Vieh gehütet hatte.

›Tom‹, sagte er, ›es ist schwerer, als sich Rothäute vom Leibe zu halten; es ist schwerer, als vierzig Meilen von der Wasserstelle in der Lavawüste zu liegen, aber ich werde durchhalten bis zum Ende. Du weißt, das ist immer meine Art gewesen. Aber wenn du mir das kleinste Zeichen geben würdest, wenn du nur sagtest: ‚Bob, ich verstehe dich', ja, das würde alles viel leichter machen.‹

Ich war überrascht. ›Ich weiß nicht, was du meinst, Bob‹, sagte ich. ›Du weißt doch, daß ich alles auf der Welt tun würde, um dir zu helfen, wenn ich könnte. Aber du gibst mir Rätsel auf.‹

›Schon gut, Tom‹, war alles, was er sagte, und dann ging er zu seiner Zeitung zurück und steckte sich eine neue Zigarre an.

Erst in der Nacht vor dem Prozeß fand ich heraus, was er meinte. Als ich an diesem Abend zu Bett ging, hatte ich wieder dies benommene, nervöse Gefühl wie früher. Ich schlief ungefähr um Mitternacht ein. Als ich aufwachte, stand ich halb angezogen in einem Korridor des Gerichtsgebäudes. Bob hielt mich an einem Arm und unser Hausarzt am andern, und Alice schüttelte mich und weinte fast. Sie hatte ohne mein Wissen nach dem Doktor geschickt, und als er kam, war ich aus dem Bett verschwunden, und sie hatten zu suchen begonnen.

›Ein Nachtwandler‹, sagte der Arzt.

Wir gingen alle ins Haus zurück, und der Doktor erzählte uns ein paar ungewöhnliche Geschichten über merkwürdige Dinge, die Leute in diesem Zustand angestellt hatten. Nach meinem Ausflug ins Freie fröstelte ich ziemlich, und da meine Frau gerade nicht im Zimmer war, öffnete ich die Tür eines alten Kleiderschrankes, der in dem Zimmer stand, und zog eine große Steppdecke heraus, die ich darin gesehen hatte. Mit ihr rollte der Sack mit dem Geld heraus, für dessen Diebstahl Bob am Morgen vor Gericht gestellt und verurteilt werden sollte.

›Wie zum Teufel kommt der Sack da rein?‹ brüllte ich, und alle mußten wohl gesehen haben, wie überrascht ich war. Bob war blitzartig im Bilde.

›Du verflixter alter Penner‹, sagte er und sah wieder aus wie früher, ›ich habe gesehen, wie du es da reingetan hast. Ich habe dich beobachtet, wie du den Safe aufgemacht und es rausgenommen hast, und bin dir gefolgt. Ich habe durchs Fenster geguckt und gesehen, wie du es in diesem Kleiderschrank versteckt hast.‹

›Warum hast du nichtsnutziger, schlappohriger, schafsköpfiger Kojote dann gesagt, daß du es genommen hast?‹

›Weil – ich nicht wußte‹, sagte Bob einfach, ›daß du schliefst.‹

Ich sah ihn nach der Tür des Zimmers sehen, in dem Jack und Zilla waren, und da wußte ich, was es nach Bobs Ansicht heißt, eines Mannes Freund zu sein.«

Major Tom unterbrach sich und warf wieder einen Blick aus dem Fenster. Er sah, wie jemand in der Stockmen's National Bank den Arm ausstreckte und über die ganze Breite des großen Vorderfrontfensters einen gelben Sonnenschutz herabließ, obwohl die Sonne noch nicht hoch stand und ein Schutz gegen ihre Strahlen noch nicht nötig zu sein schien.

Nettlewick richtete sich in seinem Stuhl auf. Er hatte die Geschichte des Majors geduldig, doch ohne großes Interesse angehört. Er hatte den Eindruck, daß sie nicht zur Sache gehörte und natürlich keinen Einfluß auf die Konsequenzen haben konnte. Diese Leute im Westen, dachte er, waren übertrieben sentimental. Sie waren keine Geschäftsleute. Man mußte sie vor ihren eigenen Freunden schützen. Offenbar hatte der Major geendet. Was er gesagt hatte, war belanglos.

»Darf ich fragen«, sagte der Revisor, »ob Sie noch irgend etwas mit direktem Bezug auf die entwendeten Sicherheiten zu sagen haben?«

»Entwendete Sicherheiten? Herr!« Der Major wandte sich plötzlich auf seinem Stuhl um; seine blauen Augen blitzten den Revisor an. »Was meinen Sie damit, mein Herr?«

Er zog einen Packen gefalteter und von einem Gummiband zusammengehaltener Papiere aus der Rocktasche, warf sie Nettlewick zu und erhob sich.

»Sie werden hier die Sicherheiten finden, mein Herr, und zwar bis auf die letzte Aktie und Obligation. Ich habe sie von den Schuldscheinen abgemacht, während Sie das Bargeld zählten. Prüfen und vergleichen Sie selbst.«

Der Major ging voran in den Schalterraum. Der Revisor, erstaunt, verblüfft, gereizt und ratlos, folgte ihm. Er spürte, daß er vielleicht nicht das Opfer eines schlechten Scherzes geworden war, daß er aber doch dastand wie einer, den man gebraucht, benutzt und dann aufgegeben hatte, ohne daß er selbst ahnte, was gespielt wurde. Vielleicht hatte man sich auch gegen seine amtliche Stellung Respektlosigkeiten erlaubt. Aber es gab nichts, was ihm eine Handhabe bot. Eine dienstliche Meldung des Vorfalls wäre absurd. Und irgendwie fühlte er, daß er niemals mehr über die Sache erfahren würde, als er jetzt wußte.

Nettlewick prüfte frostig und mechanisch die Sicherheiten, stellte fest, daß sie mit den Schuldscheinen übereinstimmten, ergriff seine schwarze Tasche und erhob sich, um zu gehen.

»Ich möchte feststellen«, protestierte er, das zornige Blitzen seiner Brille auf Major Kingman richtend, »daß ich Ihre Angaben – Ihre irreführenden Angaben –, die zu erklären Sie nicht die Güte hatten, weder vom Standpunkt der Geschäftsgepflogenheiten noch des Humors als passend betrachten kann. Mir sind derartige Motive oder Handlungen durchaus unverständlich.«

Major Tom blickte gelassen und nicht unfreundlich auf ihn herab.

»Mein Lieber«, sagte er, »es gibt eine Menge Dinge im Dickicht, auf den Prärien und oben in den Schluchten, die Sie nicht verstehen. Aber ich möchte Ihnen danken, daß Sie die langweilige Geschichte eines redseligen alten Mannes angehört haben. Wir alten Texaner lieben es, über unsere Abenteuer und unsere alten Kameraden zu schwatzen, und da unsere Landsleute schon lange die Flucht ergreifen, wenn wir mit ›Es war einmal‹ anfangen, so sind wir gezwungen, unser Garn Fremden vorzuspinnen.«

Der Major lächelte, aber der Revisor verbeugte sich kühl und verließ hastig die Bank. Sie sahen, wie er diagonal die Straße überquerte und geradewegs die Stockmen's National Bank betrat. Major Tom setzte sich an seinen Schreibtisch und zog aus der Westentasche das Briefchen, das ihm Roy gegeben hatte. Er hatte es schon einmal gelesen, aber nur flüchtig, und jetzt las er es schmunzelnd noch einmal. Dies sind die Worte, die er las:

»Lieber Tom!

Wie ich höre, schnüffelt einer von Onkel Sams Windhunden bei euch rum, und das bedeutet, daß wir ihn in ein paar Stunden auch auf dem Halse haben. Bitte, tue mir einen Gefallen. Wir haben ganze 2200 Dollar in der Bank, und das Gesetz verlangt, daß es 20 000 sind. Gestern am späten Nachmittag habe ich Ross und Fisher 18 000 Dollar gegeben, damit sie den Posten Vieh von Gibson aufkaufen können. Sie werden bei dem Geschäft in weniger als dreißig Tagen 40 000 Dollar verdienen, aber deshalb wird der Bankrevisor meinen Kassenbestand auch nicht hübscher finden. Nun kann ich ihm auch die Schuldscheine nicht zeigen, denn es sind ganz einfache, handgeschriebene Zettel ohne jede Deckung, aber Du weißt sehr gut, daß Pink Ross und Jim Fisher zwei der prächtigsten weißen Männer sind, die Gott je geschaffen hat, und sie werden mich nicht reinlegen. Du erinnerst Dich doch an Jim Fisher, er ist der, der den Glücksspieler in El Paso erschossen hat. Ich habe an Sam Bradshaws Bank telegrafiert, sie sollen mir 20 000 Dollar schicken. Ich kriege sie mit der Kleinbahn um 10.35 Uhr. Schließlich kann ich nicht einen Bankrevisor reinlassen, damit er meine 2200 Dollar zählt und mir dann die Bude zumacht. Tom, halte den Revisor fest. Halte ihn zurück. Halte ihn, und wenn Du ihn festbinden und Dich auf seinen Kopf setzen müßtest. Beobachte unser Vorderfenster. Wenn die Kleinbahn angekommen ist und wir das Geld drin haben, werden wir als Zeichen den Sonnenschutz runterziehen. Laß ihn nicht vorher fort. Ich zähle auf Dich, Tom.

Dein alter Freund
Bob Buckley
Präsident der Stockmen's National«

Der Major begann, das Briefchen zu zerreißen und die Schnitzel in den Papierkorb zu werfen. Dabei lachte er vergnügt vor sich hin.

»Verdammter leichtsinniger alter Viehtreiber!« brummte er zufrieden. »Das ist eine kleine Abschlagszahlung für das, was er vor zwanzig Jahren im Büro des Sheriffs für mich tun wollte.«

Ring Lardner (1885–1933)
Geschichten aus dem Jazz-Zeitalter
Herausgegeben, übersetzt und mit einem Nachwort von Fritz Güttinger. detebe 78

Raymond Chandler (1888–1959)
Der große Schlaf
Roman. Deutsch von Gunar Ortlepp. detebe 70/1

Die kleine Schwester
Roman. Deutsch von W. E. Richartz. detebe 70/2

Das hohe Fenster
Roman. Deutsch von Urs Widmer. detebe 70/3

Der lange Abschied
Roman. Deutsch von Hans Wollschläger. detebe 70/4

Die simple Kunst des Mordes
Essays, Briefe, Fragmente. Deutsch von Hans Wollschläger. detebe 70/5

Die Tote im See
Roman. Deutsch von Hellmuth Karasek. detebe 70/6

Lebwohl, mein Liebling
Roman. Deutsch von Wulf Teichmann. detebe 70/7

Playback
Roman. Deutsch von Wulf Teichmann. detebe 70/8

Mord im Regen
Frühe Stories. Deutsch von Hans Wollschläger. detebe 70/9

Gesammelte Detektivstories
Mit einem Vorwort des Autors. Deutsch von Hans Wollschläger.
Ein Diogenes Sonderband

Dashiell Hammett (1894–1961)
Der Malteser Falke
Roman. Deutsch von Peter Naujack. detebe 69/1

Rote Ernte
Roman. Deutsch von Gunar Ortlepp. detebe 69/2

Der Fluch des Hauses Dain
Roman. Deutsch von Wulf Teichmann. detebe 69/3

Der gläserne Schlüssel
Roman. Deutsch von Hans Wollschläger. detebe 69/4

Der dünne Mann
Roman. Deutsch von Tom Knoth. detebe 69/5

Ausgewählte Detektivstories
Herausgegeben und mit einem Vorwort von Lillian Hellman. Deutsch von Hellmuth Karasek, W. E. Richartz, Harry Rowohlt u. a.
Ein Diogenes Sonderband

Detektiv bei Continentals
Geschichten. Deutsch von Wulf Teichmann. Ein Diogenes Sonderband

F. Scott Fitzgerald (1896–1940)
Der große Gatsby
Roman. Deutsch von Walter Schürenberg. detebe 97/1

Der letzte Taikun
Roman. Deutsch von Walter Schürenberg. detebe 97/2

Pat Hobby's Hollywood Stories
Geschichten. Deutsch von Harry Rowohlt. detebe 97/3

William Faulkner (1897–1962)
Brandstifter
Gesammelte Erzählungen. Deutsch von Elisabeth Schnack. detebe 30/1

Eine Rose für Emily
Gesammelte Erzählungen. Deutsch von Elisabeth Schnack. detebe 30/2

Rotes Laub
Gesammelte Erzählungen. Deutsch von Elisabeth Schnack. detebe 30/3

Sieg im Gebirge
Gesammelte Erzählungen. Deutsch von Elisabeth Schnack. detebe 30/4

Schwarze Musik
Gesammelte Erzählungen. Deutsch von Elisabeth Schnack. detebe 30/5

Die Unbesiegten
Roman. Deutsch von Erich Franzen. detebe 30/6

Sartoris
Roman. Deutsch von Hermann Stresau. detebe 30/7

Als ich im Sterben lag
Roman. Deutsch von Albert Hess und Peter Schünemann. detebe 30/8

Schall und Wahn
Roman. Deutsch von Helmut M. Braem und Elisabeth Kaiser. detebe 30/9

Absalom, Absalom!
Roman. Deutsch von Hermann Stresau. detebe 30/10

Go down, Moses
Chronik einer Familie. Deutsch von Hermann Stresau und Elisabeth Schnack. detebe 30/11

Der große Wald
Jagdgeschichten. Deutsch von Elisabeth Schnack. detebe 30/12

Griff in den Staub
Roman. Deutsch von Harry Kahn. detebe 30/13

Der Springer greift an
Kriminalgeschichten. Deutsch von Elisabeth Schnack. detebe 30/14

Soldatenlohn
Roman. Deutsch von Susanna Rademacher. detebe 30/15

Moskitos
Roman. Deutsch von Richard K. Flesch. detebe 30/16

Wendemarke
Roman. Deutsch von Georg Goyert. detebe 30/17

Die Freistatt
Roman. Deutsch von Hans Wollschläger. Ein Diogenes Sonderband

Über William Faulkner
Essays, Aufsätze, Rezensionen von und über Faulkner.
Mit Zeichnungen, Chronik und Bibliographie. Herausgegeben von Gerd Haffmans. detebe 54

Nathanael West (1903–1940)
Schreiben Sie Miss Lonelyhearts
Roman. Deutsch von Fritz Güttinger. Vorwort von Alan Ross. detebe 40/1

Tag der Heuschrecke
Roman. Deutsch von Fritz Güttinger. detebe 40/2

Eine glatte Million
oder Die Demontage des Mister Lemuel Pitkin
Roman. Übersetzt und mit einem Nachwort von Dieter E. Zimmer. detebe 40/3

Ross Macdonald (* 1915)
Durchgebrannt
Roman. Deutsch von Helmut Degner

Geld kostet zuviel
Roman. Deutsch von Günter Eichel

Die Kehrseite des Dollars
Roman. Deutsch von Günter Eichel

Der Untergrundmann
Roman. Deutsch von Hubert Deymann

Dornröschen war ein schönes Kind
Roman. Deutsch von Wulf Teichmann. detebe 99/1

Unter Wasser stirbt man nicht
Roman. Deutsch von Hubert Deymann. detebe 99/2

Ein Grinsen aus Elfenbein
Roman. Deutsch von Charlotte Hamberger. detebe 99/3

Die Küste der Barbaren
Roman. Deutsch von Marianne Lipcowitz. detebe 99/4

Der Fall Galton
Roman. Deutsch von Egon Lothar Wensk. detebe 99/5

Gänsehaut
Roman. Deutsch von Gretel Friedmann. detebe 99/6

Der blaue Hammer
Roman. Deutsch von Peter Naujack. detebe 99/7

Sämtliche Detektivstories
Mit einem Aufsatz des Autors. Deutsch von Hubert Deymann.
Ein Diogenes Sonderband

Margaret Millar (* 1915)
Liebe Mutter, es geht mir gut
Roman. Deutsch von Elizabeth Gilbert. detebe 98/1

Die Feindin
Roman. Deutsch von Elizabeth Gilbert. detebe 98/2

Fragt morgen nach mir
Roman. Deutsch von Anne Uhde. detebe 98/3

Ein Fremder liegt in meinem Grab
Roman. Deutsch von Elizabeth Gilbert

Die Süßholzraspler
Roman. Deutsch von Georg Kahn-Ackermann

Von hier an wird's gefährlich
Roman. Deutsch von Fritz Güttinger

Carson McCullers (1917–1967)
Wunderkind
Erzählungen I. Deutsch von Elisabeth Schnack. detebe 20/1

Madame Zilensky und der König von Finnland
Erzählungen II. Deutsch von Elisabeth Schnack. detebe 20/2

Die Ballade vom traurigen Café
Novelle. Deutsch von Elisabeth Schnack. detebe 20/3

Das Herz ist ein einsamer Jäger
Roman. Deutsch von Susanna Rademacher. detebe 20/4

Spiegelbild im goldnen Auge
Roman. Deutsch von Richard Moering. detebe 20/5

Frankie
Roman. Deutsch von Richard Moering. detebe 20/6

Uhr ohne Zeiger
Roman. Deutsch von Elisabeth Schnack. detebe 20/7

Über Carson McCullers
Essays, Aufsätze, Rezensionen von und über McCullers. Mit Chronik und Bibliographie. Herausgegeben von Gerd Haffmans. detebe 20/8

Lawrence Ferlinghetti (* 1919)
Ausgewählte Gedichte
Nachdichtung und Nachwort von Alexander Schmitz. detebe 41

Ray Bradbury (* 1920)
Der illustrierte Mann
Geschichten. Deutsch von Peter Naujack. detebe 127

Patricia Highsmith (* 1921)
Ediths Tagebuch
Roman. Deutsch von Anne Uhde

Der talentierte Mr. Ripley
Roman. Deutsch von Barbara Bortfeldt

Ripley Under Ground
Roman. Deutsch von Anne Uhde

Venedig kann sehr kalt sein
Roman. Deutsch von Anne Uhde

Der Stümper
Roman. Deutsch von Barbara Bortfeldt. detebe 74/1

Zwei Fremde im Zug
Roman. Deutsch von Anne Uhde. detebe 74/2

Der Geschichtenerzähler
Roman. Deutsch von Anne Uhde. detebe 74/3

Der süße Wahn
Roman. Deutsch von Christian Spiel. detebe 74/4

Die zwei Gesichter des Januars
Roman. Deutsch von Anne Uhde. detebe 74/5

Der Schrei der Eule
Roman. Deutsch von Gisela Stege. detebe 74/6

Tiefe Wasser
Roman. Deutsch von Gisela Stege. detebe 74/7

Die gläserne Zelle
Roman. Deutsch von Eva Gärtner. detebe 74/8

Das Zittern des Fälschers
Roman. Deutsch von Anne Uhde. detebe 74/9

Lösegeld für einen Hund
Roman. Deutsch von Anne Uhde. detebe 74/10

Ripley's Game oder Ein amerikanischer Freund
Roman. Deutsch von Anne Uhde. detebe 74/13

Harold Brodkey (* ?)
Erste Liebe und andere Sorgen
Erzählungen. Deutsch von Elizabeth Gilbert